육아빠가 나서면 아이가 다르다

육아빠가 나서면 아이가 다르다

초판 1쇄	2019년 4월 5일
5쇄	2021년 1월 20일
지은이	정우열
발행인	이상언
제작총괄	이정아
편집장	조한별
책임편집	최민경
그림	유영근
디자인	Morandi : 아름
발행처	중앙일보플러스(주)
주소	(04513) 서울시 중구 서소문로 100(서소문동)
등록	2008년 1월 25일 제2014-000178호
문의	(02) 2031-1121
원고투고	jbooks@joongang.co.kr
홈페이지	jbooks.joins.com
네이버 포스트	post.naver.com/joongangbooks
인스타그램	@j__books

ⓒ 정우열, 2019

ISBN 978-89-278-1005-6 13370

육아빠가
나서면
아이가
다르다

정우열 지음

중앙books

육아는
돕는 게
아니라
함께하는
것이다

은재가 태어난 지 85일째 되는 날

오늘 정말 큰 결정을 하나 했다. 내가 은재 육아를 도맡아 보기로 한 것!

은재 엄마의 복귀가 하루하루 다가오고 있는 요즘, 우리 부부의 가장 큰 고민은 누가 은재를 돌보느냐에 관한 것이었다. 어머니께 전적으로 맡기자니 많이 힘드실 것 같고, 돌보미 아주머니를 구하자니 좋은 분 만날 수 있을지 우려가 되었다.

이렇게 고민 속에서 하루하루 지내다 보니, 그동안 내가 농담 반 진담 반으로 "그냥 내가 한번 봐볼까?"라고 하던 말이 점점 현실이 되어 가고 있었다. 은재 엄마도 더 이상 농담으로 받아들이는 것 같지 않고 말이다.

'이왕 이렇게 된 거, 시작이라도 해볼까? 아니다 싶으면 발 빼면 되지 뭐.'

그렇게 육아를 시작하기로 큰맘을 먹고, 불안한 마음에 시간제 돌보미 서비스도 미리 신청했다. 일단 시작을 하고 나면 힘들다고 해서 한 번에 발을 빼긴 힘들 테니 단계적으로 줄이겠다는 마음으로 말이다.

생각해보면 아빠가 아이를 보는 게 이상한 일은 아니지 싶다. 더욱이 엄마보다 아빠가 힘이 세니깐 어쩌면 아이 돌보기에 유리한 점도 많을 거 같고.

그래, 까짓것 한번 해보자. 육아빠, 한번 가보는 거야!

저는 육아빠입니다

대한민국에서 아빠 육아가 가능할까? 늘 이 고민을 하고 있는 나는 육아빠다. 우연한 기회에 전업으로 육아를 하던 2012년, 육아 블로그를 시작하며 듣도 보도 못한 닉네임을 만든 것이 바로 '육아빠'다. 언제부턴가 내가 만든 이 말을 신조어처럼 많은 사람들이 '육아하는 아빠'라는 뜻으로 사용하고 있고 이제는 포털 사이트 국어사전에도 나온다. 이 책을 집필할 무렵부터 아빠 육아 문화가 폭발적으로 성장했고, 여러 가지 사회 시스템도 계속 변화하고 있지만, 아빠 육아는 여전히 사각지대에 놓여 실질적인 어려움이 많다. 통계상으로는 한 해 1만 명 이상의 아빠들이 육아휴직을 하고 있다지만, 여전히 아빠 육아 커뮤니티는 부족하고, 아빠 육아 문화는 미흡하고, 아빠 육아 교육은 절실하다. 그래서 아빠 육아를 시작하려는 분들, 특히 예비 아빠 및 영유아 아이를 둔 아빠들에게 도움이 되길 간절히 바라는 마음으로 나의 첫 책,《아빠가 나서면 아이가 다르다》개정판을 내게 되었다. 개정판에는 그동안의 사회 변화를 반영한 내용 수정뿐 아니라 업데이트된 육아 정보, 육아에 도움이 되는 실전 팁 등을 풍부하게 넣어 책을 더욱 알차게 채웠다. 또한 나와 마찬가지로 딸바보 아빠인 파워 인스타그래머 유영근 작가의 귀여운 일러스트로 신선함을 더했다.

첫째 은재가 돌을 맞이하기까지 전업육아를 하면서 내 삶은 많이 바뀌었다. 내가 주 양육자가 되니 애착 1순위 서열이 나라서 잠도 내가 재워야 했고, 밥도 내가 먹여야 했다. 분리 불안 시기에는 화장실도 맘대로 갈 수가 없었다. 육아우울증이 왜 오는지 몸과 마음으로 경험하게 되었고, 육아가 힘든 것은 가사와 병행해야 하기 때문이라는 것도 알게 되었다. 이후 워킹대디로 살게 되었고 둘째까지 합세한 이후로는 더 큰 변화를 겪었다. 부모의 신체적 한계보다 심리적 한계를 겪는 것이 더 괴롭다는 것을 뼈저리게 경험하게 되었다.

나는 지금도 어느덧 8세, 7세가 된 두 아이의 주 양육자로 살고 있다. 이 책의 주인공 은재는 초등학교에 입학했다. 개정판 작업을 위해 은재가 어릴 때 썼던 다이어리를 다시 살펴보니 감회가 새롭다. 아기였던 은재의 모습도 아른거리고, 그때의 순수했던 내 마음도 참 그립다. 반면, 그동안 잊고 지냈던 은재와의 추억이 일상의 곳곳에 많다는 점도 새로 깨닫게 된다. 아이를 키우는 건 참 힘들지만, 아이가 천천히 크길 바라는 아이러니한 부모 마음이 이미 내 안에 있는 것 같다.

아빠들에게 도전과 용기를 주고 싶습니다

나는 대한민국에서 육아빠라는 말이 사라지는 날이 오길 바란다. 아빠가 육아하는 것이 너무나도 당연해서 육아빠라는 말이 진부한 그날이 오길 바란다. 그래서 아빠 육아를 최대한 널리 알리고 싶다. 그런데 이를 위해서는 단순히 아빠 육아법에 대한 정보만으로는 부족하다. 육아는 포괄적으로 접근해야 하는데, 아빠 육아법 자체뿐 아니라 아이의 심리 발달을 이해해야 하고, 부부 및 가족의 심리를 이해해야 한다.

그래서 1장에서는 아빠 육아의 좋은 점 및 구체적 팁에 대해 이야기했고, 2장에서는 꼭 알아두어야 하는 아이의 심리 발달에 대해 다뤘다. 그리고 3장에서는 육아하는 부부 및 가족이 경험하는 심리적 어려움에 대해 이야기했다.

아빠들에게 '나도 한번 해볼까' 하는 작은 용기와 '육아, 생각보다 할 만하고 재미도 있겠네' 하는 도전의 마음을 심어주고 싶다. 그래서 집필 형식에 있어서는 재미와 유익 두 마리 토끼를 다 잡으려고 노력했다. '육아빠의 다이어리'를 통해 실제 육아를 하며 한 번쯤 겪어보았을 법한 일상들을 일러스트와 함께 재미있게 풀어보았고, '육아빠의 육아코칭'을 통해 육아 및 아이 심리 등과 관련된 전문 지식을 이해하기 쉽게 전달하려고 노력했다. 또 중간중간에는 바로 실천해볼 수 있는 '육아빠 꿀팁'을 따로 정리해두었다.

이 책이 육아로 지치고 힘들 때, 조언이 필요할 때마다 편하게 펼칠 수 있는 책이 되기를 바란다.

아빠 육아의 최대 수혜자는 아빠입니다

   아빠 육아는 오직 아빠나 엄마 중 한 사람만의 노력만으로는 불가능하다고 생각한다. 그래서 이 책이 아빠, 엄마 모두에게 읽히길 바란다. 책에 수록된 아빠 육아, 아이 심리, 부부 관계 등 육아와 직접적으로 연관된 다양한 소재들이 때론 부부간 대화의 소재가 되면 좋겠고, 나아가 부모와 아이 모두에게 유익이 되는 부부 공동 육아의 소중한 발판이 되길 진심으로 바란다.

   끝으로 강조하고 싶은 말이 있다. 아이는 사랑해서 돌보는 것이 아니라, 돌볼수록 더욱 사랑하게 되고 돌봄이 쌓일수록 더더욱 사랑받게 된다. 그 만족감은 이 세상이 주는 어떠한 행복과도 비교할 수 없다. 대한민국의 아빠들도 그 경험을 꼭 하길 바란다.

2019년 4월

정우열

CONTENTS

2장   아이의 마음을 읽으면 육아의 방법이 보인다

3장 온 가족이 행복한 우리 집 만들기

육아빠

은재 엄마 육아 휴직 이후부터 주 양육자로 은재를 돌봤다. 처음 하는 육아인지라 좌충우돌 시행착오도 많았지만, 하나하나 몸으로 배워가며 자칭 타칭 '육아의 달인'으로 인정받았고 대한민국 대표 육아빠로 거듭 났다고 자부한다. 은재가 좀 커서 살 만하다 했더니 둘째가 태어나 본격적인 육아 전쟁에 재돌입했으며 쉽지 않지만 두 배 더 행복한 일상을 보내고 있다.

은재

지치지 않는 에너자이저, 일곱 번 넘어져도 여덟 번 일어나는 오뚜기 은재. 호기심도 많고 장난기도 많아 아빠를 패닉에 빠뜨릴 때도 많지만 특유의 사랑스러움으로 온가족의 사랑을 한 몸에 받고 있다. 최근 동생 포동이(!)가 태어나 누나로서의 소임을 다하기 위해 최선을 다하는 중이다.

엄마

은재 아빠가 아이를 보며 지치지 않도록 늘 세심하게 배려하는 현명한 아내이자 워킹맘이다.

아이와
아빠는
함께 자란다

쉽게 따라 할 수 있는 아빠 육아법

제 **1** 화

아빠 효과란 무엇일까?

아빠와
함께 자란 아이는
뭔가 다르다

은재가 태어난 지 180일째 되는 날

볼일이 생겨서 은재를 맡겨야 하는데, 마침 친정엄마(?)도 일이 있다고 해서 '아이 돌보미 서비스'를 두 번째로 이용하게 됐다. 오늘은 5시간 동안 맡길 예정이었는데, 은재가 과연 나 없이 잘 있을지 걱정이 태산이었다.

그래서 돌보미 아주머니가 오신 뒤 15분 정도 함께 있으며, 은재에게 적응할 수 있는 시간을 만들어주었다. 때마침 은재가 배고프다고 울기에 분유를 타서 아주머니께 드렸는데, 은재는 아주머니가 주는 분유를 거부했다. 먹기 싫은가 해서 내가 쥐봤더니 '꿀꺽 꿀꺽 꿀꺽~' 참 잘도 먹는다.

순간 당황한 아주머니의 이마에 맺힌 식은땀을 보았지만 약속 시간이 다 되어 어쩔 수 없이 은재를 맡기고 부랴부랴 나갔다. 나는 은재 걱정에 일을 보는 둥 마는 둥, 후다닥 마치고 5시간 후 돌아왔다.

울상을 짓고 있을 줄 알았는데 웬걸, 은재 얼굴이 평온해 보인다. 아주머니 말씀에 따르면, 내 우려와는 달리 하나도 안 울고 잘 자고 잘 놀았다고 한다.

"칭얼거리려 할 때마다 조금만 놀아주면 언제 그랬냐는 듯이 금세 편해지더라고요. 아니, 어쩜 이렇게 아이를 잘 키웠어요? 웬만한 엄마보다 낫네그래."

뭐 사실 그냥 기분 좋으라고 하는 이야기인지도 모르겠지만 괜스레 우쭐한 기분이 들었다.

"이게 바로 아빠 육아의 효과예요!"라고 말하려다 겨우 참았다.

내가 바로 육아하는 아빠, 육아빠이다.

아빠들이 변했다

얼마 전 가족과 외식을 했는데 아이를 동반한 가족은 한쪽으로 몰아 테이블을 배정해주었다. 그런데 우리를 포함해 모든 가족들의 공통점이 하나 있었는데 아이의 옆자리는 엄마가 아닌 아빠가 자리 잡고 있었다는 것.

시대가 변한 것이다. 빠르게 산업화되면서 핵가족화, 여성의 취업 증가 등 사회적 변화가 일어나게 되었고, 이는 가족 구성원의 역할에도 변화를 주었다. 대가족 시대에 양육을 도와주던 친족의 개념은 어느덧 사라졌고, 여성들은 결혼 후에도 직장생활을 지속하게 되었다. 그러면서 점차 자녀 양육 책임을 아빠도 나누어 가지게 된 것이다.

우리나라의 경우는 IMF 이후 본격적인 변화가 나타났는데, 가정에서 경제 활동의 주축이 남편 중심에서 부부 중심으로 변화하게 되었다. 자녀 양육비와 사교육비의 부담감이 점점 커지면서, 그리고 불안정한 직장으로 인한 적극적인 노후 대책 마련이 필수가 되면서 기혼 여성의 사회 진출이 증가하게 된 것이다. 〈아빠! 어디 가?〉〈슈퍼맨이 돌아왔다〉 등 TV 프로그램의 인기 이후로 아빠 육아를 장려하는 사회문화적 분위기까지 더해졌다.

이렇듯 요즘 아빠들은 공식적으로 양육에 있어 뒷전이었던 이전 세대의 아빠들과 달리 적극적으로 육아를 함께 할 수밖에 없는 시대에 살고 있다.

아빠 육아의 효과, 어떤 게 있을까?

이러한 시대적 상황에 따라 변화된 아빠의 역할에 대한 연구는 서양에서 먼저 시작되었다. 1970년대 이후 부모 발달에 관한 관심이 증가하면서, 아버지의 자녀 양육에 대한 연구가 본격적으로 이루어진 것이다. 케임브리지 대학교의 마이클 램Michael Lamb 교수는 아빠를 아동 발달에 '잊혀진 공헌자'라고 칭하며 그동안 간과해온 아빠의 역할을 재조명하는 연구를 했다. 그는 아빠를 능동적으로 양육하며 돌보는 부모로 보았고, 아이가 엄마와는 다른 형태의 피드백을 아빠로부터 얻을 수 있어 균형 있는 발달을 하게 될 가능성이 높다고 보았다.

또한 심리학자 로스 파크Ross Parke는 아이의 심리적 성장 발달에 미치는 아빠 고유의 영향을 개념화하여 '아빠 효과'라는 용어를 유행시켰다. 그 이후로 아빠의 자녀 양육 참여에 대한 관심이 증가하게 되며 아빠의 양육은 엄마의 경우와 질적으로 다르다는 연구 결과가 꾸준히 제시되었다. 우리나라의 경우 1997년부터 전문 학술지에 아빠 관련 연구물이 발표되기 시작했고, 2003년 이후 급속도로 증가했다.

아빠 효과에 대해 가장 널리 알려진 대규모 연구는 2002년에 발표된 영국 옥스퍼드 대학교 국립아동발달연구소의 연구이다. 1958년 태어난 아이 1만 7000명을 대상으로 33년 추적 연구를 한 것인데, 성인이 되어 안정적이고 행복한 가정을 꾸린 사람은 어려서부터 아버지와의 관계가 좋았다는 공통점이 있었고, 이들은 학창 시절부터 사회성, 성취욕 등이 높았다는 점을 제시했다.

또한 미국의 발달심리학자 칼데라Caldera는 아빠가 아이를 먹여주고 입혀주고 기저귀를 갈아주는 등 육아에 많이 참여할수록 아이의 자존감이 높아진다고 했으며, 캐나다 캘거리 대학교 벤지스Karen M. Benzies 교수 등은 아빠의 적극적 육아 참여가 아이의 전반적인 신체 건강 상태에도 기여하고 있다고 새로운 연구를 발표했다.

그리고 최근 들어 급격히 늘어나고 있는 국내 연구들은 아빠와 함께 자란 아이가 그렇지 않은 아이보다 친사회적 행동 수준이 높고, 정서지능도 높다고 아빠 효과를 제시했다.

아빠 육아는 선택이 아니라, 필수!

아빠 효과는 이와 같은 직접적인 효과뿐 아니라 간접적인 효과도 있다. 아빠가 육아를 적극적으로 하면 그만큼 엄마가 재충전할 수 있는 여유가 생기고, 이는 엄마가 아이를 돌볼 때 가장 중요한 것 중 하나인 민감성이 높아지는 데 긍정적인 영향을 미친다. 또한 아빠는 아이를 돌봄으로써 자신감이 증가되어 스스로의 심리적 안녕에 좋은 결과를 낳게 되며, 엄마도 더 아이와 친밀하게 되어 가족 간 유대감 형성이 강력해지는 효과가 있다.

아빠 효과에 대한 본격적인 연구가 이루어지기 시작한 지 얼마 되지 않았기 때문에, 아빠 효과에 대한 연구는 앞으로 무궁무진할 것이라고 생각된다. 실제로 주변의 육아에 적극적인 아빠들이나 아빠 카페 회원들의 경우를 봐도 아빠가 육아에 참여하는 가정은 아이뿐 아니라 가족 전체가 더욱 친밀하고 화목한 것을 많이 보게 된다(우리 집은 말할 것도 없고). 점점 아빠가 육아에 참여하는 빈도가 늘어남에 따라 앞으로 아빠 효과는 더 구체적으로 규명될 것이다. 아빠 육아의 효과를 반박할 연구가 발표될 가능성은 희박하므로, 아빠라면 더 이상 육아를 피해 갈 핑곗거리를 찾기보다는 육아에 매진하는 것이 현명할 것이다.

아빠가 육아에 나서면
오히려 갈등이 생기지 않을까?

여전히 대치동 학원가에서 흥행하는 말이 있다. 성공적인 진학을 위해 아빠의 무관심은 필수라는 것. 부부의 양육관이 달라서 아빠의 개입을 은연중에 두려워하는 엄마들도 많다. 부부가 함께 양육하면 일관성 없는 양육이 되고 아이가 혼란스러워할까 봐 걱정도 한다.

그럼에도 불구하고 아빠 효과가 발생하는 이유가 무엇일까? 아빠가 엄마보다 뛰어나서가 아니다. 부부가 함께 양육하는 효과다. 부부는 대체로 서로 반대의 성격을 지닌다. 성격 차이로 이혼을 한다고 하지만, 실은 처음부터 나와 다른 성격에 무의식적으로 끌려 결혼을 한다. 자녀 양육에 있어서는 상호 보완이 된다는 것을 본능적으로 알고 있는 것이다.

아이에게 다양성을 경험시켜주는 것만큼 좋은 영향이 없다. 일관성은 개개인의 덕목인 것이지 부부가 똑같아야 하는 것은 아니다. 사람마다 생각이 다르다는 것을 아이가 자연스럽게 경험하게 해주는 것은 사회성 발달의 큰 발판이다. 그래서 사회성은 아빠 효과에서 가장 두드러진 점이기도 하다. 사공이 많으면 배가 산으로 가는 게 아니라, 노가 양쪽에 있어야 치우치지 않고 균형 있게 배를 몰 수 있다는 점을 기억하자.

제 **2** 화

부성이란 무엇일까?

아빠가
되는 과정에
사랑이 있다

은재가 생긴 걸 알게 된 날

"여보~ 나 임신한 것 같아!"

화장실에서 아내의 목소리가 들렸다.

아직 컴컴한 새벽이어서 비몽사몽 눈을 뜨는 둥 마는 둥 하고 있다가, '임신'이라는 단어를 듣고 정신이 확 들었다. 깜짝 놀라 자리를 박차고 달려가 보니 아내가 임신테스트기를 손에 들고 어쩔 줄 몰라 하고 있었다.

"뭐라고? 임신했다고?"

아내는 요즘 몸이 자꾸 피곤하고, 낮이고 밤이고 졸리다 하더니 혹시나 하는 마음으로 임신테스트를 해본 것이다.

'아, 내가 아빠가 되다니……'

아, 이 복잡한 마음을 어떤 말로 어떻게 표현해야 할까?

충격과 기쁨도 잠시, 앞으로 아이를 어떻게 키울지에 대한 현실적인 생각이 들며 어깨가 무거워짐을 느꼈다. 하지만 아빠로서의 부담감을 임신한 사실을 이제 막 알게 된 아내에게 보이는 것은 절대 안 될 일!

나는 활짝 웃으며 말했다.

"여보, 축하해요! 내가 열심히 뒷바라지 해줄게!"

미소 짓는 아내의 얼굴을 보니 아빠로서 아니, 남편으로서의 각오가 마구 불타올랐다.

'우리 여보에게 무조건 잘해줘야지.'

'내가 여보의 손과 발이 되어줘야지.'

근데 지금 생각해보면 그땐 미처 몰랐던 것 같다.

이 아이가 태어나면 내가 전담해서 육아하게 될 것이란 엄청난 사실
을 말이다.

나는 아빠다, 고로 육아한다?

은재를 전담해서 키우던 어느 날 갑자기 기분이 우울해지고, '육아는 왜 하는 걸까?' 하는 생각이 들었다. 그래서 블로그를 통해 이웃들과 고민을 함께 나누어 보았는데, 대부분의 이웃들이 육아하는 엄마들이어서 그런지 가장 많았던 대답은 "엄마니까요"였다. 그렇다면 난 아빠니까 "아빠니까요"가 정답일까?

부성 vs 모성

'부성이란 무엇인가?'라는 질문의 답이 한 번에 잘 떠오르지 않는 것이 우리의 어쩔 수 없는 현실인 것 같다. 반대로 '모성' 하면 여러 이미지들이 떠오른다.

모성은 특별히 노력하지 않아도 엄마가 되는 과정에서 자연스럽게 생기는 것 같다. 원하던 임신이었을 경우, 엄마는 임신테스트기 양성 반응을 확인하는 순간부터 아빠와는 감히 비교할 수 없는 감격을 느긴다. 아이에게 좋지 않은 영향을 줄 수 있는 술과 카페인을 멀리하는 것은 물론이고, 평소의 식습관까지 바꾸며 배 속에서 자라는 아기를 생각해 자연스럽게 몸에 좋은 것만 먹게 된다. 그러다 초음파 검사를 통해 아기의 존재와 움직임을 직접 눈으로 보게 되면 엄마는 보다 적극적으로 엄마의 역할을 한다. 나의 모든 말을 아기가 듣고 있다는 생각에 좋은 책도 읽어주고 태담도 많이 한다. 그러면서 모성이라는 것이 자연스레 생겨나고, 아이가 태어나면 엄마로서 아이를 돌볼 준비가 되는 것이다.

하지만 아빠는 어떨까? 아이가 엄마 배 속에서 자랄 동안 아빠가 아무것도 해주지 않아도 아이는 건강하게 태어날 수 있다. 아이는 태어나자마자 생존을 위해 울며 엄마의 젖을 필요로 하지만, 직접적으로 아빠에게 요구하는 것은 전혀 없다.

부성의 생물학적 증거

간혹 아내가 임신을 하면 남편도 입덧을 하는 경우가 있는데, 한 학자에 의해서 쿠바드 증후군Couvade Syndrome이라고 명명되어 있다. 드라마나 영화에서 자상하고 가정적인 남편 캐릭터를 표현하기 위해 남편이 아내와 함께 입덧하는 설정을 넣곤 하는데 수년 전 큰 인기를 끌었던 〈넝쿨째 굴러들어온 당신〉이라는 드라마의 국민 남편 방귀남도 아내가 임신하자 입덧을 했었다. 어쩌면 남편의 입덧이 좋은 남편의 척도처럼 여겨질 날도 멀지 않은 것 같다(다행히도(?) 나는 은재 엄마 임신 때마다 입덧을 했다).

여성 입덧의 원인도 명확하지가 않은데 남성 입덧의 원인을 밝히기는 더욱 어려울 것 같다. 그저 가장으로서의 부담감, 임신한 아내를 돌보느라 지친 체력, 아내의 입덧 모습을 보고 생기는 구역감 등으로 남편 입덧의 원인을 막연하게 추측하곤 했다.

그런데 최근 아내가 임신하면 남편도 생물학적인 호르몬 변화가 일어난다는 연구 결과들이 속속 보고되고 있다. 아내가 임신하면, 남성 호르몬으로 알려진 테스토스테론은 3분의 1로 감소하고 여성호르몬으로 알려진 에스트로겐 및 유대감과 관련된 유즙 분비 호르몬인 프로락틴은 오히려 증가한다. 성적 욕구는 억제되고 공격성은 줄어들며, 공감 능력이 높아지는 등 섬세하게 아이를 돌볼 준비가 아빠의 몸에서도 일어나는 것이다.

나의 경우를 생각해보아도 은재 엄마가 임신하고 출산하는 과정을 통해 그러한 면들이 더욱 강화된 것을 느낀다. 아이를 키우는 사람은 아이의 안전을 위해서 다른 일을 하면서도 아이에게 주의를 기울일 수 있는 멀티태스킹Multitasking이 가능해야 하는데, 선천적인 뇌 구조상 남자가 여자보다 멀티태스킹 능력이 떨어진다고 보고되어 있음에

도 불구하고 남자도 아이를 키우면서 멀티태스킹이 가능해졌다는 이
야기를 전해 듣는다. 집안일을 하면서, 개인적인 일을 보면서도 늘 아
이에게 신경을 쓰고 있는 것이다.

아빠라서 육아한다

아빠 육아와 관련된 방송 프로그램이 늘어나고 프렌디, 스칸디 대
디, 라떼파파, 다이퍼 대디Diaper Daddy 등 아빠 육아와 관련된 용어도
덩달아 유행하게 되었다. 아빠도 육아를 함께해야 한다는 사회적 분
위기가 생겨나는 것은 바람직한 일이지만, '아빠도'가 아니라 '아빠라
서' 육아한다는 생각이 좀 더 바람직할 것 같다.

육아에 있어서 엄마가 1순위이고 아빠는 옵션이라는 생각보다는
'엄마라서 육아한다'와 같이 '아빠라서 육아한다'라는 생각을 하는 것
이 어떨까? 지금까지 살펴본 부성과 관련된 생물학적인 증거들이 아
빠라서 육아한다는 생각을 어느 정도 뒷받침해줄 수 있을 것 같다.

게다가 최근 아빠가 육아할 때 아이에게 미치는 좋은 영향들, 즉 '아
빠 효과'에 대해 지속적인 연구가 이루어지고 있어 '아빠라서 육아한
다'는 생각을 더욱더 견고하게 해줄 것으로 여겨진다.

아내가 임신한 10개월 동안
남편이 알아두면 좋은 노하우

:: 초기

유산 가능성이 가장 큰 시기이다. 호르몬 변화 등으로 아내가 예민해지기 쉬운 시기이므로 스트레스 받지 않도록 최대한 잘해줘야 한다. 특히 입덧을 심하게 겪는 경우에는 절대적으로 공감해줘야 한다. 입덧이 심해 임신을 중단하거나 심지어 자살을 고민하는 경우도 있다.

:: 중기

대부분의 경우 입덧이 끝나고, 배는 점점 나오지만 아직은 불편할 정도로 몸이 무겁진 않기 때문에 임신 기간 중 가장 편한 시간이다. 태교 여행을 적극 권장한다. 아이가 태어나면 오붓하게 부부가 편하게 즐길 여행의 기회가 좀처럼 오지 않는다.

:: 후기

아내의 배가 생각했던 것보다 훨씬 커서 당황스럽지만, 절대로 당황함을 내색하지 않아야 한다. 몸매 걱정을 하더라도, 출산 후 완벽하게 되돌아올 것이라는 희망의 메시지를 반복해서 전해줘야 한다. 운동도 적절히 해야 순산에 도움이 되므로, 함께 가벼운 산책을 하는 것을 권유한다.

:: 출산 직전

출산에 대한 두려움이 극심해지는 시기이다. 더불어 또다시 임신을 하기가 절대 싫어지는 시기이다. 아내가 불안하지 않도록 안심시켜 주고, 둘째에 대한 이야기는 마음속으로도 결코 하지 않는다. 둘째를 꼭 낳고 싶은 사람은 어떻게 하냐고? 아내는 출산 이후 시간이 지나면 고통을 거의 잊어버리니 미리 걱정하지 말자.

:: 출산 시

최선을 다해 아내 곁에 있어야 한다. 정말 중요한 일이 있고 아내도 일보러 다녀오라고 말을 한 경우에도 머리로는 이해하지만 마음으로는 평생 섭섭함이 남는 경우가 많다. 아내의 마음이 바뀌는 게 아니라 사람은 원래 머리와 마음이 따로이다. 진통부터 분만까지 아빠가 엄마 곁에 있으면 진통을 감소시키고 출산에 대한 엄마의 인식도 더 긍정적으로 만든다는 연구 결과도 있다.

제 3 화

태교는 엄마가 하는 거 아닌가요?

진짜
아빠 육아는
태교부터
함께한다

은재가 태어나기 158일 전

임신 4개월째에 접어들었지만 아내는 아직도 입덧으로 고생하고 있다. 나도 아내와 태어날 아이에게 뭐라도 해주고 싶은데, 당최 해줄 수 있는 게 없다. 공기 좋은 곳에 놀러 가고, 좋은 전시에 가서 예쁜 것도 보고, 배 속의 아이와 교감하며 태교도 함께하고 싶은데 말이다.

일반적으로 볼 때에 입덧이 끝날 때도 되었는데 아내는 아직 끝날 기미조차 보이지 않는다.

드라마를 보면, 시어머니와 식사 준비를 하던 며느리가 갑자기 "우욱~" 하고는 방으로 들어가기만 하고, 그 이후 장면은 잘 안 나와서 그게 끝인 줄만 알았는데 아내의 입덧 양상을 보면, "우욱~" 하는 건 그저 시작에 불과했다. 아내가 화장실로 달려가서는 변기에 얼굴을 박으면, 나는 아내를 바로 뒤따라가 등을 두들겨준다.

"우욱 우욱~~ 우웩 우웩~~~."

심할 땐 토하느라 얼굴에 힘이 들어가 모세혈관 출혈이 일어나 눈이 빨개지기도 한다. 더구나 화장실에서 아내 등을 두들겨주다 보면 나도 덩달아 '우욱~' 하기도 한다. 태교를 함께하기는커녕, 실상은 입덧을 함께하고 있는 셈이다.

설상가상으로 나의 '우욱~' 소리는 아내의 구토를 더욱 유발한다.

'아! 제발 입덧아 빨리 끝나라! 나도 태교 좀 하고 싶다고.'

만 나이 vs 실제 나이

서양에서는 아기가 태어나면 0세인데, 우리나라에서는 왜 태어나자마자 1세로 치는 걸까? 발상을 전환해보면 태어난 순간이 0세인 것은 지극히 부모의 입장에서 나이를 계산한 것이고, 아기의 입장에서는 자궁 내 환경에서 자궁 외 환경으로 바뀌었을 뿐 똑같이 자라고 있는 것이라고 볼 수 있다. 같은 날 엄마 배 속에 생겨난 두 아기가 있다고 가정해보면, 미숙아로 태어난 아기와 아직 배 속에 있는 아기는 신체 발달상의 나이는 같지만, 만 나이는 다른 것이다.

이런 관점에서 생각해보면 아기는 태아 시기부터 이미 오감을 느낄 수 있는 하나의 생명이므로 배 속에 있을 때부터 나이를 계산해주는 것이 보다 합리적이다. 이러한 이유로 우리 선조들이 서양보다 훨씬 이전부터 태교를 중시했던 것인지도 모르겠다. 실제로 서양에서 태교의 중요성이 대두된 것은 태교의 과학적 근거가 밝혀지면서부터로 불과 20년 정도밖에 되지 않았다.

아이는 배 속에 있을 때부터
부모 영향을 받는다

요즘 세상은 참 좋다. 배 속에 있는 아이의 얼굴을 3D 초음파 사진으로 볼 수 있을 정도이니 말이다. 그런데 초음파상의 아기 얼굴을 보며 설마 저렇게 생기진 않았을 것이라고 생각하지만 막상 태어난 아기의 모습을 보면 초음파 사진과 똑같다.

초음파 사진으로 은재 얼굴을 처음 보았을 때, 은재는 딱 봐도 나와 붕어빵이었다. 하지만 은재 엄마는 혹시나 하는 희망을 은재가 나오는 날까지도 버리지 않았다. 물론 '혹시나'는 '역시나'가 되었다.

외모뿐만이 아니라 아이의 성격, 지능 등도 마찬가지이다. 특히 지금껏 유전이 가장 큰 영향을 미친다고 알려진 지능은 엄마의 심리적, 신체적 건강 상태 등 태중 환경이 유전만큼이나 큰 영향을 미친다고 밝혀진 바 있다.

육아에 있어서 아이의 건강이 첫째 목표라지만, 일단 건강하다면 좋은 성격이나 좋은 머리를 가지게 해주려고 노력하지 않는 부모는 아마 없을 것이다. 그런 면에서 육아의 시작은 태교부터이다.

태교에 더 신경 써야 하는 사람은 아빠

그런데 태교는 엄마에게만 중요할까? 엄마는 만 9개월 동안 아기를 배 속에서 키우게 된다. 처음에는 아기의 존재가 크게 와 닿지 않지만 입덧을 시작으로 점점 몸의 변화를 느끼며 그 존재를 실감하게 된다. 나의 배 속에 또 다른 생명이 자라고 있다는 숭고함을 느끼면서, 자연스럽게 좋은 것만 먹고 좋은 것만 보려고 노력하게 된다.

또한 태동이 느껴지고 배가 점점 불러오면 막연했던 아이에 대한 이미지가 선명해지고, 내가 하는 모든 말을 아이가 듣고 있다는 생각에 태담도 많이 해주게 된다. 누가 시키지 않아도 저절로 태교를 하게 되는 것이다.

하지만 아빠는 어떠한가? 극단적인 경우를 예로 들면, 한 번의 관계만으로도 아기는 생길 수 있고, 아기가 엄마 배 속에서 자랄 동안 아빠가 아무것도 해주지 않아도 아기는 태어날 수 있다. 그런 면에서 볼 때, 정작 태교에 의식적으로 신경 써야 할 사람은 아빠이다.

아빠 육아는 태교에서부터 시작된다

하지만 주변을 살펴보자. 생각보다 태교에 무관심한 아빠들이 많다.

물론 일이 바쁘다 보니 '아이가 태어난 후에 잘해야지' 하고 마음으로 결심하고 있는지도 모른다.

하지만 문제는 태교에 관심 없는 아빠는 훗날 육아에도 무관심할 수밖에 없다는 점이다. '아기는 배 속에 있을 때가 제일 예쁘다'는 말은 괜한 말이 아니다. 아기가 태어나면 울고 먹고 자고 싸느라 바쁘고, 부모는 그런 것들을 다 챙겨주느라 마음의 여유가 없는 것은 물론이고, 몸도 늘 피곤하다. 이에 반해 배 속에 있는 아기를 돌보는 일, 즉 태교는 아기가 태어난 후와는 비교할 수 없을 만큼의 편안한 마음과 좋은 몸 컨디션으로 할 수 있다. 그렇기 때문에 아기가 배 속에 있을 때부터 태교 동화를 읽어주고, 어색해도 자상한 하이 톤으로 말을 걸어주던 아빠여야 아기가 태어난 후에도 늘 하던 대로 지속할 수 있다. 하루아침에 되는 일은 없다. 아빠 육아 중 가장 난이도가 낮은 단계라 할 수 있는 태교부터 조금씩 시작해서 차츰 단계를 높여가는 것이 중요하다.

아빠가 쉽게 할 수 있는 태교

:: 튼살 크림 챙기기

아빠로서 태교를 어떻게 시작해야 하는지 감이 오지 않는다면, 아내에게 튼살 크림을 발라주는 일부터 먼저 하면 된다. 배가 점점 커지면서 주로 트는 부위인 배 아래쪽은 스스로는 보기 어렵기 때문에 제대로 바르기 어려울뿐더러, 튼살 크림을 발라주다 보면 자연스럽게 아이에게 말을 걸게 되고 아내와도 부드러운 대화를 나누게 된다. 아빠의 낮고 부드러운 목소리는 아기에게 안정감을 주고, 임신으로 인한 아내의 스트레스도 이완시켜준다.

혹시 아빠인 내가 아기에게 말을 너무 많이 하면 아기에게 시끄럽지 않을까 우려된다면 전혀 걱정할 필요 없다. 태아에게 아빠 목소리는 엄마 목소리의 절반에서 3분의 1 정도의 크기로 들리기 때문이다.

:: 집안일은 필수!

육아가 힘든 이유는 집안일과 병행을 해야 하기 때문이다. 그런 의미에서 보면 아빠가 집안일을 열심히 하는 것만으로도 육아를 함께하는 것이라 볼 수 있는데, 안 하던 집안일을 아기가 태어난 후에 갑자기 시작하기란 보통 어려운 일이 아니다. 그러므로 임신 기간 동안에 집안일 분담을 습관화해야 한다. 그것이야말로 아내가 태교에 집중할 수 있게 여유를 주는 행위이자, 몇 개월 후부터 본격적으로 시작될 육아의 예행연습이다. 아내들은 임신 기간이 남편을 바꿀 수 있는 절호의 찬스라는 것을 명심하자! 이때를 놓치면 남편 자체를 바꾸지 않고는 집안일 분담이 불가능한 일이 될지도 모른다.

제 **4** 화

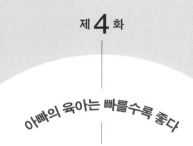

아빠의 육아는 빠를수록 좋다

분만도
함께하는
아빠 육아

은재가 태어나던 날

아내가 유도분만을 시작한 지 2박 3일째가 되었고, 오늘 새벽부터 드디어 본격적인 진통이 시작되었다. 아내는 힘들어 하는데, 내가 할 수 있는 일이라곤 옆에서 손잡아주는 것뿐. 남편으로서 아무런 도움을 줄 수 없는 게 참 안타까웠다. 다행히도 어느 정도 자궁경부가 열려 무통주사를 주입한 후에는 조금 편안해진 것 같았다.

주기적으로 내진을 하던 담당 의사가 이제 곧 출산을 할 것 같다고 말했다. 가족분만 예정이었기 때문에 나에게도 탯줄을 자르는 미션이 주어졌다. 가족분만을 하면 아빠는 출산의 신비와 경이로움을 눈앞에서 생생하게 경험하기 때문에, 말로 표현할 수 없는 감동으로 눈물을 주르륵 흘린다고 익히 들었다.

'가뜩이나 감성적인 편인데, 혹시 감동해서 엉엉 소리 내어 울면 창피해서 어떡하지?'

문득 이런 생각이 들었다.

의료진은 곧 아이가 나온다며 부산하게 준비를 하며 나에게 수술 가운과 수술 장갑을 낄 준비를 하라고 했다. 순간 무척 긴장이 되었다(물론 인턴 때 이후 처음으로 수술 가운을 입고 수술 장갑을 껴보는 것이기 때문만은 아니었다).

아내가 배에 힘을 주는 동안에도 나는 역시 옆에서 손을 잡아주는 것 외에 다른 할 수 있는 게 없었다. 마침내 아이의 머리 끝부분이 보이기 시작하기에 나는 아내에게 현재 상황을 실시간 중계하며 조금만 더 힘내라고 말해줬다.

드디어 우리 딸아이가 쑤욱 끄집어져 나왔다. 혹시나 했는데 역시나! 에일리언 같은 외계인 머리이다. 일명 '뚫어뻥'으로 머리를 잡는 흡입분만을 했기 때문이다. 물론 곧 정상으로 돌아온다는 걸 알기에 걱정되진 않았지만 순간 놀랐던 건 사실이다.

들고 있던 가위로 탯줄을 조심스럽게 잘랐다.

역시나 감동의 눈물이 주르륵…… 흐를 줄 알았는데 아무런 느낌이 없었다.

'어? 내가 왜 이러지?'

생각해보니, 오늘의 경험은 산부인과 실습 때 이미 몇 차례나 보고 체험했던 장면! 그래도 그 당시에는 생각보다 피가 많이 나와 놀라기는 했어도 생명 탄생에 대한 감동과 경이로움이 느껴졌는데…….

'아, 이런 게 바로 조기 교육의 부작용이구나.'

아이가 태어나는 순간을 지켜보자

아빠가 분만 과정에 참석하는 것은 육아하는 아빠가 되는 중요한 계기 중 하나이다. 한 연구에 의하면 아이가 태어난 후 빠른 시간 내에 아빠가 아이를 안아보는 것은 생후 1개월 때에 아빠와 아이가 상호 교감하는 정도와 관련이 있다고 한다.

그러고 보면, 내가 은재의 육아를 전담하게 된 것은 여러 가지 요인으로 인한 복합적인 결과이지만, 가족분만을 한 것이 매우 중요한 포인트였던 것 같다. 내가 직접 탯줄을 자름으로써 엄마의 몸에서 확실히 분리되어 독립된 개체가 된 은재의 첫 울음소리를 들었던 순간이 아직도 생생하다.

의과대학 시절 산부인과 실습 때 몇 번 본 장면이었지만, 그때와는 사뭇 다른 아빠로서의 책임감이 느껴졌다.

'지금 막 이 세상에 태어난 이 아이는 스스로는 아무것도 할 수 없는 연약한 존재구나. 아빠인 내가 도와줘야겠구나!'

이런 마음이 생긴 것이다.

갓 태어난 아이와의 스킨십

아빠는 아이가 태어난 후 첫 사흘 내로 아이와 유대감을 키워가는 과정을 시작하게 된다. 미국 정신과 의사인 그린버그Martin Greenberg와 영국 산부인과 의사인 노먼Morris Norman은 이것을 '몰두'라고 했는데, 이는 단순한 참여 이상의 뜻이 있다.

그런데 이 '몰두'는 아빠와 신생아의 신체적 접촉 정도에 따라 질적인 면에서 정도의 차이가 있다. 아빠와 아이의 신체적 접촉이 늘어나게 되면 서로가 서로의 신호에 더욱 민감해질 수 있는 기회가 생기기 때문이다. 몰두한 아빠는 그 후 적극적으로 아이를 돌보는 행위를 하기 때문에, 흔히 아빠들이 경험하는 것처럼 엄마에 비해 아이로부터 밀쳐진다는 느낌을 받지 않는다.

그 밖의 여러 연구에서 아빠와 아이가 조기에 신체 접촉을 하면 그렇지 않은 경우보다 아빠가 아이를 돌보는 일에 적극적으로 나선다는 결과가 나타났다. 다시 말해 아빠와 아이의 조기 신체 접촉은 자연스러운 아빠 육아에 있어 매우 중요하다.

아이와의 조기 신체 접촉이 주는 효과

아이가 태어난 지 하루가 지나면 엄마의 젖 냄새를 알게 되고, 사흘이 지나면 엄마의 목소리도 구분할 수 있게 된다. 어찌 보면 굉장히 빠른 것처럼 느껴지지만, 아이가 만 9개월 동안 엄마의 몸 안에서 엄마를 온몸으로 느끼며 살았다는 점을 생각하면 그리 신기해 할 일도 아니다.

아빠의 경우는 아이가 태어난 이후에야 본격적으로 아이와 친해질 수 있기에 원천적으로 엄마에 비해 불리한 조건이다. 그런 이유에서도 아빠는 아이가 태어나면 엄마보다 더욱 부지런해져야 한다.

그런데 출생 후 며칠간 신생아실에서 아이를 돌보는 병원의 경우에는 수유 시간에 엄마만 아이를 안아볼 수 있고, 아빠는 아이를 눈으로만 볼 수 있지 만져보는 것은 불가능하다. 이런 경우는 어쩔 수 없지만, 만약 가능한 경우라면 아빠도 처음부터 적극적으로 아이를 만져보고 안아보는 것이 좋다. 엄마들은 아빠가 다소 못 미덥더라도, 무턱대고 아빠가 아이를 만지는 것을 막을 것이 아니라 주의사항을 자세하게 일러주고 아이와 아빠의 스킨십을 적극 권장해야 한다.

아이보다 아빠의 조기 교육이 더 중요하다

　그런데 아빠가 아이를 만지는 등 신체적으로 접촉하기만 하면 아빠 육아가 자동적으로 될까?

　스웨덴의 한 연구는 병원에서 기본적인 아이 돌보는 기술을 익힌 아빠가 그렇지 않은 경우보다 3개월 후 영아를 더 많이 돌봤다고 발표했다. 조기 신체 접촉만큼 아빠의 조기 육아 교육도 중요하다는 의미이다.

　우리나라에서는 자연분만의 경우 보통 2박 3일, 제왕절개는 대략 일주일 정도 입원 기간을 가진다. 보통 입원 기간 동안에는 신생아실에서 아이 관리를 해줘서 아이를 직접 돌볼 기회가 없기 때문에, 아빠는 엄마와 아이의 퇴원과 동시에 기술 습득을 위해 더욱 분주해져야 한다.

　산후조리원으로 가는 경우에는 신생아 관리하는 분들의 아이 다루는 행동 하나하나에 관심을 가지고 적극적으로 배워야 하며, 집에서 산후 조리를 하는 경우에는 두려워하지 말고 아내나 장모님이 하는 모든 것을 직접 해보려고 해야 한다.

　아이의 조기 교육보다 중요한 것은 아빠의 육아법 조기 교육이다.

갓 태어난 아이를 맞이하기 전에
반드시 알아야 할 것

:: 아이 목욕시키는 법

목욕만큼은 꼭 아빠가 시켜주는 게 좋다. 자세한 내용은 제7화를 확인하자.

:: 기저귀 가는 법

신생아의 경우 보통 1~2시간마다 갈아준다. 미리 새 기저귀, 가제 손수건, 물티슈를 준비해놓는다. 아이를 눕힌 채 기저귀 접착테이프를 떼고 한 손으로 아기의 두 발을 잡아 살짝 들고 기저귀를 아래로 빼낸다. 물티슈로 여아는 성기 쪽에서 항문 쪽으로, 남아는 반대로 부드럽게 닦은 뒤 가제 손수건으로 물기를 제거한다. 새 기저귀를 엉덩이 아래에 깔고 잡고 있던 두 발을 내려놓는다. 기저귀를 접착한 후 꽉 조여진 부분은 없는지, 접혀서 새지는 않을지 잘 살펴본다.

:: 분유 타는 법

완전 모유 수유를 하는 경우에는 불필요하지만, 그렇지 않다면 분유 타는 법을 꼭 알아두어야 한다. 먼저 한 번 끓인 후에 식혀 놓은 물이 늘 준비되어 있어야 한다. 전기포트에 물을 끓인 후 미리 식혀 놓은 물과 적절히 섞어 미지근한 물을 만들어 젖병에 조금 부어 놓는다.

분유를 먼저 넣으면 바닥에 눌어붙곤 하기 때문이다.

산후조리원에서 집에 돌아왔을 때엔 보통 80밀리리터 정도 먹는데, 40밀리리터에 한 스푼인 분유라면 두 스푼을 넣는다. 그리고 그 위에 미지근한 물을 부어 80밀리리터를 맞춘 다음 뚜껑을 닫고 세게 흔들어 잘 섞는다.

제 5 화

엄마가 아빠 육아에 미치는 영향은?

칭찬은
아빠를
춤추게 한다

은재가 태어난 지 115일째 되는 날

오늘은 은재가 천 기저귀에 똥을 쌌다. 요즘 종이 기저귀가 참 잘 만들어져 나오지만, 그래도 천 기저귀가 몸에 조금이라도 더 좋지 않을까 하는 생각에 하루에 한 번은 천 기저귀를 채워주고 있는데 은재를 향한 이런 나의 결심이 흔들리는 순간이었다. 이런 일을 방지하기 위해 늘 똥을 싼 직후에 천 기저귀를 채워주곤 했다. 오늘도 한 시간 전에 똥을 싸서 마음 놓고 천 기저귀를 채운 건데 똥을 또 한 바가지 싼 것이다.

'먹은 것도 별로 없는데…… 우와, 대단하다 은재야!'

기저귀에 물이 들까 봐 바로 물에 담갔더니 물이 딱 모 패밀리 레스토랑에서 먹던 오렌지에이드색이다. 건더기도 둥둥 떠다니는 게 진짜 똑같다.

은재는 아무것도 모르고 천진난만한 표정을 짓는다. 정말 이걸 어떻게 하나 싶어 한숨만 쉬고 있는데 옆에서 지켜보던 은재 엄마가 한마디 했다.

"은재야, 아빠가 지금 똥 기저귀 빨고 계셔. 최고의 아빠를 둔 너는 참 행복하겠구나."

갑자기 힘이 났다. 아니, 힘을 내야만 할 것 같았다가 좀 더 정확한 표현이다. 어쩌면 은재가 사랑스러워서가 아니라, 은재 엄마의 칭찬이 좋아서 내가 이러고 있는지도 모르겠다. 나도 모르게 조련되고 있는 건가?

아빠가 육아에 서툰 건 당연하다

보통 아빠는 엄마보다 아기 돌보는 데에 서툴다. 남자가 여자보다 덜 섬세하다는 근본적인 차이도 있겠지만, 어떻게 돌봐야 할지 잘 모른다는 것이 보다 큰 이유이다. 기저귀 갈기, 분유 타기 등 간단한 일을 먼저 힘들게 했는데, 이거 하나도 제대로 못 하냐는 엄마의 잔소리를 들으면 더 하기가 싫어진다. 머뭇거리는 모습을 보다 못한 엄마가 대신 다 해버리고 나면 아빠는 불필요한 자괴감에 빠지기까지 한다.

이런 일이 반복되다 보면 간혹 꼭 참석하지 않아도 되는 회식인데도 굳이 참석하기도 하는 등 아빠는 아기와 함께하는 시간을 은연중에 피하게 된다. 이런 식으로 아빠는 점점 아기 돌보는 일에서 멀어져 간다.

칭찬은 남편을 춤추게 한다

육아하는 아빠로 만들려면 우선 이러한 악순환의 고리를 끊어야 한다. 엄마는 본인보다 덜 섬세한 아빠를 생각해 차근차근 알려줘야 하고, 비록 못마땅하더라도 칭찬 세례를 퍼부어줘야 한다. 칭찬은 고래뿐 아니라 아빠도 춤추게 하기 때문이다.

남자라는 동물은 작은 일이라도 일단 인정받고 나면 또 하고 싶어지기 마련이다. 엄마의 인정과 칭찬이 반복되다 보면 아빠는 적극적으로 육아에 나서게 된다는 말이다. 핑계를 대며 회식에 불참하거나, 야근을 하지 않기 위해 낮 동안 최고의 집중력을 발휘하는 것이다.

육아에 대해서만큼은 늘 칭찬 일색인 은재 엄마는 이런 점에서 참 지혜롭다. 늘 최고의 아빠라며 칭찬을 해준다. 여기서 내가 진짜 최고의 아빠냐 아니냐는 별로 중요하지 않다. 은재 엄마의 칭찬 한마디로 은재를 돌볼 에너지가 가득 충전되는 것이다.

조금씩이라도 매일 하다 보면 육아 실력이 쑥쑥

초보 아빠를 넘어 능숙하게 아이를 돌보려면 조금씩이라도 매일 하는 것이 최선이다. 그날 학습한 것은 자는 동안에 저장 영역으로 옮겨가는데, 한 번에 많은 양을 학습하고 한 번의 잠으로 저장하는 것과 매일 조금씩 학습하고 여러 번의 잠으로 저장하는 것과는 저장 효율의 차이가 크다.

아마 악기를 배워본 사람은 공감하겠지만, 악기를 배우는 데 있어서 가장 중요한 것 역시 조금씩이라도 매일 연주하는 것이다. 주말에 몰아서 2시간을 연습하는 것보다 매일 10분씩 하는 것이 훨씬 낫다. 그래야 연주 방법을 머리로 아는 것에 그치지 않고 연주 자체가 몸에 배는 것이다.

육아도 마찬가지여서, 매일 30분이라도 아이를 돌보는 것이 주말 내내 아이와 붙어 지내는 것보다 훨씬 효과적이다.

아빠 육아 최고의 적은 엄마?

아빠 육아를 위한 가장 기본적이고 필수적인 전제 조건이 하나 있는데, 바로 엄마의 여유로운 마음가짐이다. 아빠가 육아에 참여하길 원하는 엄마라면 '육아에 있어서 서투른 아빠가 자칫 실수해서 아기에게 큰일이 생기진 않을까' 하는 막연한 불안감을 버려야 한다. 무슨 일이든 처음부터 잘하는 사람은 아무도 없고, 시행착오를 두려워하면 결코 발전할 수가 없다. 엄마가 아빠의 육아를 통제하는 경향이 있다는 연구 결과가 많다. 아빠 육아를 방해하는 최고의 적은 아이러니하게도 엄마가 될 수 있다는 점을 기억하자.

육아에 서투른 남편
초고속 업그레이드 비법

:: 엄마들이여, 아빠를 믿고 나가라

육아에 서투른 남편을 단기간에 업그레이드시키는 방법은 남편을 믿고 외출해버리는 것! 일을 효율적으로 하기 위해서는 긴장감이 너무 많아도 좋지 않지만 너무 없어도 나쁘기 때문이다. 운전 연습을 예로 들면, 보조석에 앉아 코치해줄 사람이 타고 있는 것과 아닌 것은 그 습득 속도의 차이가 엄청나다. 아내가 밖에 나가버리는 것은 남편에게는 적절한 긴장감으로 최고의 집중력을 발휘할 기회이자, 아내에게는 재충전의 기회이다. 더구나 아이는 누울 자리를 보고 다리를 뻗는다고, 엄마가 안 보이면 아쉬운 대로 아빠를 의지하게 된다. 그야말로 일석삼조인 것이다.

단, 극도의 긴장감으로 남편이 패닉에 빠지는 것을 방지하기 위해 휴대폰은 켜두자.

:: 엄마들이여, 아빠를 믿고 잠자리에 들어라

늦은 밤 아기가 잠들락 말락 할 때에 남편이 퇴근한다면, 남편을 믿고 먼저 자버리는 것도 좋은 방법이다. 육아에 지쳐 코골며 자고 있는 아내를 깨워 아기 재우라고 할 정도의 무심한 남편만 아니라면 대부분 먹힐(?) 것이라 본다. 다음 날 아침 아기와 씨름하다 같이 누워 잠들어 있는 예쁜 남편의 모습을 발견하는 재미도 쏠쏠하다. 이것 역시 아빠 육아 최대의 적인 엄마의 불안감만 버리면 얼마든지 가능한 일이다.

단, 남편이 술에 취해 들어왔을 때에는 깨끗이 포기하자. 자칫 자는 동안 뒹굴다가 아기를 깔고 뭉개버릴 수 있다.

제 6 화

아이와 어떻게 놀아줘야 할까?

아이와
놀아주는 게 아닌
함께 놀기!

은재가 태어난 지 145일째 되는 날

요즘 은재 웃기는 방법 연구에 매진 중이다. 하루 종일 은재랑 놀다가 은재가 '빵' 터지는 순간을 포착하면, 그때 그 동작을 계속 반복하면서 우연인지 아닌지를 판단해보는 식으로 은재의 웃음 포인트를 알아내고 있다.

그렇게 알아낸 웃기는 비결은 저녁에 퇴근한 은재 엄마에게 직접 보여주곤 한다. 오늘도 하루 종일 힘들게 개발한 은재를 '빵 터지게 하는 비법'을 은재 엄마 앞에서 선보였다. 은재 몸을 갑자기 뒤로 눕히면서 입으로 '슝슝' 소리를 내는 것이다. 은재는 역시나 빵빵 터져줬다.

근데 문제는 여기서부터였다.

은재 엄마가 자기도 한번 해보겠다고 한 것.

속으로 외쳤다.

'은재야, 제발 웃어줘야 해. 파이팅!'

하지만 '혹시나는 역시나'가 되었다.

은재 엄마의 행동에는 미동도 하지 않는 은재.

은재 엄마도 오기가 발동해서 몇 번을 반복한다. 급기야 은재는 조금 전에 먹었던 분유를 토하고 말았다.

피날레는 은재 엄마가 나를 째려보는 것으로.

"여보, 오해하지 말아요. 나보다 당신을 덜 좋아해서 안 웃은 게 아닐 거야. 아빠인 내가 해줘야 더 재미있고 박진감이 넘치니까 그런 거야. 그런 거라고!!"

아빠 놀이의 효과

아빠가 육아를 할 때에 아이에게 미치는 긍정적인 측면을 일컫는 아빠 효과의 상당 부분은 아빠 놀이의 효과와 연관되어 있다. 아빠가 해주는 놀이는 엄마 놀이와 다른 점이 있기 때문인데 가장 큰 차이는 아빠의 힘과 과감함이다.

아빠와 활발한 신체 활동을 충분히 하게 되면 아이의 두뇌 발달이 촉진된다. 또한 하루 동안 경험한 이런저런 부정적인 감정들을 신체 활동을 통해 해소하게 되어 성장하면서 감정 조절을 잘하게 되는 밑거름이 되기도 한다.

아빠가 과격한 응원을 하며 야구를 관람하거나 조기축구를 하며 스트레스를 해소하는 것과 마찬가지로, 아이에게는 놀이가 스트레스 해소 수단인 것이다. 더구나 아이 입장에서 볼 때, 이 세상에서 가장 힘이 센 사람인 아빠를 이긴다는 극도의 성취감까지 맛볼 수 있다.

아이와 노는 목적 단 한 가지

아빠 놀이에는 이렇듯 여러 가지 효과가 있지만 그것은 효과일 뿐 놀이의 목적이 아니므로, 효과를 목적 삼아 놀이에 임하면 안 된다. 아빠보다는 엄마가 흔히 범하는 실수가 있는데, 놀이를 학습의 수단으로 인식하고 놀이를 통해 아이에게 하나라도 더 가르치고자 욕심을 부리게 되는 것이다. 하지만 놀이는 노는 것 자체가 목적이어야지, 학습을 위한 수단이 되면 안 된다. 부모가 학습을 위해 놀이를 이용하고 싶은 유혹을 뿌리치지 못하면, 아이에게 학습뿐 아니라 놀이에 대한 부담감까지 가중시킬 수 있다. 그렇게 되면 아이는 놀이 자체에 흥미를 잃게 되어, 놀이를 통해 얻을 수 있는 수많은 효과와 유익을 놓치게 된다. 더구나 본격적으로 학습을 해야 할 시기에 학습에 대한 흥미가 생기지 않을 수도 있다. 목적 없이 마음껏 노는 게 두뇌 발달의 지름길이다. 그러니 그냥 순수하게 놀자.

아이와 노는 방법 단 한 가지

아이와 잘 놀고는 싶은데 그 방법을 잘 모르겠다고 걱정할 필요는 없다. 아이가 원하는 대로 놀게 하고 그저 옆에서 아이의 행동에 호응해주는 식으로 함께 놀면 된다. 아이가 직접 장난감을 고르고 놀이를 주도하도록 하고, 그저 따라가 주면 되는 것이다. 결코 끼울 수 없는 곳에 물건을 끼워보려는 아이의 터무니없는 시도를 눈앞에서 보게 되더라도 도와주고 싶은 마음을 꾹 참아야 한다.

또한 이미 몇 번이나 반복했기 때문에 아빠가 보기엔 물론 아이 입장에서도 재미가 없을 것 같아 보이더라도 다른 놀이로 바꿔주지 않고 아이가 스스로 그만하고 싶을 때까지 계속 같은 방법으로 놀아줘야 한다. 놀이의 총감독인 아이의 오케이 사인이 나기 전까지는 무한정 반복할 수 있는 것이다. 특히나 18개월 이하의 아이는 반복을 통해 세상을 배우곤 하니, 인내심을 키우자.

은재는 놀 때마다 늘 자기가 주도했다. 때론 지겹기도 하고 힘쓰는 놀이를 할 때엔 몸이 힘들기도 했지만, 총감독님께 충성하는 마음을 가지면 그런대로 견딜 만했다.

아이와 노는 마음가짐 단 한 가지

보통 아이와 놀아준다는 표현을 많이 하는데 '~해준다'라는 말에는 무엇인가를 억지로 한다는 뉘앙스도 조금은 있는 것 같다. 실제로 놀이방에 가보면 억지로 놀아주고 있는 것처럼 한없이 지루한 표정을 한 부모를 꽤 볼 수 있다.

아이와의 놀이를 억지로 하지 않기 위한 유일한 방법이 있는데, 스스로 놀이 자체를 즐기면 되는 것이다. 아이와 함께할 수 있는 다양한 놀이에 대한 그 어떤 지식보다 중요한 것이 '동심'이다.

동심 즉, 아이 같은 마음으로 놀이를 즐기지 못하는 부모는 어느 순간 지친다. 아이는 부모가 억지로 놀아주고 있다는 것을 금방 알아챌 수 있는 능력이 있다.

그러므로 나를 위해서도 아이를 위해서도 노는 순간만은 아이의 마음으로 돌아가서 놀아야 한다. 마음껏 유치해지자. 모든 일은 생각하기 나름이다. 동심만 있다면 아이와 '놀아주지' 않고 내가 '놀 수' 있는 것이다.

아빠 놀이 꿀팁 3가지

: : 오버하기

개그맨은 아이들에게 인기가 많다. 개그맨이라는 직업을 모르는 아이들도 본능적으로 개그맨을 따른다. 그건 과장된 표정, 몸짓, 말투 때문이다. 우리는 어른으로 사는 동안 은연중에 꽤 많이 점잖아졌다. 하지만 점잖음을 탈피하는 것이야말로 아빠 놀이의 꿀팁이다. 무조건 오버해보자. 몸과 마음이 지쳐 있는 상태에서 아이와 놀 때에도, 잠시만이라는 생각으로 목소리를 크게 내고 행동을 크게 해보자. 의외로 활력이 생기고 아이가 즐거워하는 모습을 보며 힘이 날 것이다.

: : 리액션하기

아이와 놀 때 아이를 잘 관찰해보자. 아이의 표정, 행동, 말소리에 집중하다 보면 아이가 특히 흥미로워하는 순간을 발견하게 된다. 그 순간을 포착했으면 마음을 다해서 그것에 반응해보자. 아이가 어떤 포인트에 즐거운 표정을 지으면, 아빠도 즐겁다는 표정으로 "우와~ 그거 진짜 재미있다!"라고 반응하는 식이다. 아이가 아빠에게 공을 던질 때에는 그냥 공을 받지 말고 입으로는 "슈욱~" 하는 효과음을 내며 공이 아주 빠르다는 듯한 놀라운 표정으로 받으며 뒤로 쓰러지기까지 하는 엄청난 리액션을 보여주자.

:: 반복하기

아빠가 오버하고 리액션하며 아이와 놀다 보면 아이가 즐거워하거나 빵 터지는 순간이 있다. 또는 한 번 더 하자고 말이나 몸으로 표현하기도 한다. 그럴 땐 무조건 반복해보자. 어른과 달리 아이는 한 가지 놀이를 반복할수록 더 재미를 느낄 수 있는 신기한 능력이 있다. 아이가 지겨워하며 다른 놀이를 하고 싶어 할 때까지 반복하자.

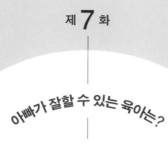

제 7 화

아빠가 잘할 수 있는 육아는?

아빠는
아이 목욕에
타고났다

은재가 태어난 지 230일째 되는 날

요즘 들어 은재의 호기심이 부쩍 늘어났다. 기어다니기 시작하면서 집 안 구석구석 탐색할 수 있게 되어 더한 것 같다. 아이가 기어다니기 시작하면 집 안의 모든 가구와 물건들 배치를 아이 위주로 바꾸어야 한다는 이야기를 듣긴 했지만 경험해보기 전까지는 정말 몰랐다. 이 정도로 빨빨거리며 집 안 구석구석을 들쑤시고 다닐 거라고는.

은재는 정말 한시도 가만히 있지 않고 여기저기 기어다니고, 그럴 때면 난 혹시나 미처 치우지 못한 위험한 물건에 부딪혀 다치지는 않을까 염려되어 열심히 따라다닌다.

오늘도 나는 이렇게 은재에게 종일 시달리며 힘든 하루를 보냈다. 지친 나를 위해 요즘은 은재 엄마가 퇴근 후 은재를 도맡아서 봐주곤 한다.

오늘도 은재 엄마에게 은재를 맡기고 침대에 누워 잠시 쉬고 있었다. 그러다 깜박 잠이 들었는데 은재 엄마가 날 흔들어 깨웠다. 큰일이라도 난 줄 알고 벌떡 일어나 보니, 어서 은재 잠들기 전에 목욕시키라고.

단잠을 자다 일어나야 했기 때문인지는 몰라도, 오늘따라 은재 엄마가 야박하게 느껴졌다.

그런데 생각해보니 이럴 수가.

은재가 태어난 후 지금까지 은재 엄마 혼자 은재를 목욕시킨 적은 단 한 번도 없었던 것 같다.

흠…… 내가 지금 잘하고 있는 것 맞겠지?

아이 목욕시키기는
아빠의 선택이 아니라 '필수'

'눈에 넣어도 아프지 않을 것 같은' 내 자식이 태어났는데, 아빠에게 주어진 출산 휴가는 얼마 되지 않는다. 최대한 일찍 퇴근해서 빨리 아이 보러 집에 가고 싶지만 상사보다 먼저 퇴근할 수도 없는 노릇이고, 회식은 또 왜 이렇게 자주 있는 건지 아이를 핑계로 빠지기도 애매하다. 상황이 이렇다 보니 주중에는 퇴근 후 아기가 잠들기 전에 잠시 보는 것이 전부이고, 주말에는 시간은 되지만 아내가 시키는 기저귀 갈기나 분유 타기 등만 겨우 하고 있다. 뭔가 아이를 위해서 노력하고 있긴 한데, 왠지 지극히 수동적인 느낌이다. 내가 주도해서 적극적으로 우리 아이를 돌봐주고 싶은데 뭔가 효과적인 방법은 없을까?

이런 고민을 하는 아빠들이 분명 있을 것이라 생각한다. 육아에는 지름길이 없지만 그나마 딱 하나라고 손꼽을 수 있는 것이 있다. 바로 '아이 목욕시키기'이다.

아내의 관절을 지켜라!

아빠는 육아가 좀 서툴다. 엄마만큼 육아를 전담으로 하지 않아서이기도 하지만, 여자에 비해 남자가 꼼꼼한 면이 좀 부족한 것도 사실이다. 기저귀를 제대로 간다고 갈았는데 이상하게 아이 오줌이 밖으로 새어버리기 일쑤이고, 분유를 신경 써서 탔는데도 물이 차갑다거나 조금 뜨겁다거나 하는 등 아이 엄마의 잔소리가 하늘을 찌른다.

상황이 이러한데, 육아의 최고 난이도로 보이는 '아이 목욕시키기'를 과연 아빠가 할 수 있을까? 결론부터 말하자면, 아빠가 아이 목욕을 시켜주는 것은 가능한지 여부를 따질 일이 아니다. 그냥 '필수'이다.

엄마 입장에서 생각해보면, 만 9개월 동안 배 속에서 아이를 키우고 출산하는 과정에서 많게는 20~30킬로그램까지 체중이 오르락내리락한다. 또한 출산 과정을 통해 골반도 많이 벌어지게 마련이다. 그래서 출산을 하고 나서 온몸의 관절에서 통증이 느껴지는 산후 관절통에 시달리는 산모들이 많다. 특히 고령인 경우에는 출산 후 최소 3개월간 몸조리를 잘하지 않으면 원인 불명의 관절통이 오랫동안 지속될 수 있다. 이것이 바로 산후 조리를 충분히 해야 하는 이유이다(반면 서양 엄마들은 상대적으로 골반이 크고, 아기의 머리는 작아 산후 조리가 그다지 필요 없다. 그래서 별다른 산후 조리 문화가 없는 것이다).

이런 엄마가 아이를 키우면서 관절에 가장 무리가 가는 일이 있는데, 바로 목욕시키기이다. 특히 스스로 체온 조절을 잘하지 못하는 신생아를 목욕시키려면 머리부터 감긴 다음에 잘 말리고, 그다음에 온몸을 물에 담그고 씻겨야 하는데 목을 가누지 못해서 목을 받치면서도 눈과 귀에 물이 들어가지 않도록 해야 하는 등 신경 쓸 것이 많다. 워낙 조심스럽기 때문에 목욕시키는 동안은 아기에게만 집중을 하게 되므로, 내 팔목과 척추 관절에 무리가 된다는 것을 목욕을 다 시킨 이후에야 깨닫는 경우가 많다. 그러니 아빠가 아이를 목욕시키는 것은 선택이 아닌 필수이다.

우리나라는 점점 산후 조리 문화가 발달하면서 일부 산후조리원에서는 주말에 아빠들을 대상으로 아기 목욕시키는 방법을 교육한다. 그렇지 않더라도 검색만 해보면 아기 목욕시키는 방법을 자세하게 소개한 글이나 직접 보여주는 동영상을 손쉽게 접할 수 있다.

다행히도 나는 은재 엄마가 있던 산후조리원에서 아기 목욕시키는 방법을 전수받았다. 그리고 산후조리원 퇴소와 동시에 자동적으로 은재 목욕시키기는 내 임무가 되었다. 내가 아무리 피곤한 날에도 은재 엄마는 다른 것은 다 해줘도 목욕시키기만은 나에게 맡긴다. 가끔은 섭섭할 때도 있지만 긍정적으로 생각해보면, 목욕에 있어서만큼은 나를 전적으로 의지하고 있다는 것! 때론 나만이 할 수 있는 무엇인가가 있다는 사실에 어깨가 으쓱해지기도 한다.

자연스러운 스킨십은 물론 교감의 극치를 느끼다

그리고 정말 중요한 것은 목욕을 시켜주는 동안 은재와 깊은 교감을 나눌 수 있다는 점이다. 비눗물을 조심스럽게 아이 몸에 발라주다 보면 자연스럽게 부드러운 스킨십이 형성되고, 장난스럽게 물을 튀겨주면서 은재를 바라보면 은재도 나의 장난을 받아들인다는 듯이 미소로 화답함과 동시에 손바닥으로 물 표면을 힘껏 내리치며 좋아한다. 비록 우리는 말 한마디도 나눈 적 없는 사이이지만, 마치 영화 〈아바타〉에서처럼 촉수(?)를 연결한 듯이 모든 생각과 마음을 공유하고 있는 그야말로 교감의 극치를 경험하는 순간이다.

육아 자신감 업그레이드

그깟 목욕시켜주는 것이 뭐 대수일까 싶겠지만, 이처럼 아빠가 아이 목욕을 도맡아 한다면 엄마의 산후 관절통 예방을 위해 그리고 아빠와 아이의 친밀한 교감을 위해 더없이 좋은 결과를 낳는다.

KBS 〈슈퍼맨이 돌아왔다〉에서 개그맨 이휘재 씨가 쌍둥이 아들을 직접 목욕시켰다고 아버지에게 자랑스럽게 이야기하는 장면이 생각난다. 아빠가 적극적으로 육아하는 게 일상이 되어가고 있는 요즘, 나도 육아를 돕고는 싶지만 과연 잘할 수 있을지 자신이 없는 아빠가 있다면 '목욕시키기'부터 시작하자. 최고의 자신감을 길러줄 유일한 방법이 바로 목욕시키기라고 자신 있게 말할 수 있다.

목욕시키기가 그렇게 만만하냐고? 물론 그건 아니다. 일련의 과정을 배우지 않으면 감히 시작조차 하지 못하는 게 아이 목욕시키기이다. 하지만 반대로 단계별로 익히고 마침내 성공적으로 수행하고 나면, 육아와 관련된 그 어느 것도 할 수 있을 것 같은 자신감이 단번에 생길 것이다.

아이의 사회성도 업그레이드

미국 뉴스쿨대 심리학과 하워드 스틸 교수 팀은 부모 100쌍의 아이 성장 과정을 14년 동안 추적해본 결과 아빠가 신생아를 목욕시키는 것이 사회성 발달에 큰 도움이 된다는 것을 밝혀냈다. 신생아 때에 아빠가 목욕을 시키지 않은 아이는 상대적으로 친한 친구가 없는 경우가 많았고, 자기를 다른 아이들이 좋아하지 않을까 봐 불안감을 느끼는 등 자존감 낮은 모습도 보였다. 이들 중 심각한 교우 관계의 문제를 겪는 경우가 30퍼센트나 되는 반면, 아빠가 일주일에 3~4회 목욕을 시켜준 아이들은 이러한 경우가 3퍼센트에 불과했다. 아빠와의 신체 접촉과 따뜻한 목욕물이 시너지를 일으켜 친밀감 증진과 관련되는 옥시토신 호르몬을 충분히 분비시켜 사회성 발달에 도움을 주기 때문이다.

자, 지금까지 살펴본 아빠가 아이를 목욕시켜야 하는 이유들만 보더라도 아이 목욕시키기에 있어서는 더 이상 아빠가 빠져나갈 구멍이 없어 보인다. 지금까지는 엄마가 주로 아이 목욕을 시켰다면, 오늘부터라도 우리 아이 목욕은 아빠가 도맡아 보는 것이 어떨까?

물론 능숙한 엄마에게 사전 교육부터 철저하게 받아야겠지만.

신생아 목욕시키는 방법과
반드시 주의해야 할 점

당연한 말일 수도 있지만 신생아를 목욕시키기가 가장 까다롭다. 하지만 신생아 때부터 목욕시키기를 시작하면, 아이가 자라면서 목욕시키는 것은 전혀 두렵지 않다. 신생아 시기는 몸이 작아 싱크대에서 목욕이 가능한 유일한 시기인데, 초보 부모의 입장에서 안정적인 자세 유지가 가능하다는 장점이 있다.

싱크대 위에 아이가 들어갈 목욕통과 여분의 물을 담을 통을 올려놓고 목욕통에는 미지근한 물을, 여분의 통에는 약간 더 뜨거운 물을 받아놓는다. 그리고 싱크대 옆에 아기용 큰 수건을 펼쳐 놓는다. 아기를 한 팔로 잡고 머리부터 감기는데, 가제 손수건에 물을 묻혀 부드럽게 닦아주면 된다. 주의할 점은 아이 눈과 코 특히 귀에 물이 들어가지 않게 조심해야 한다는 것이다. 익숙해지면 아이 머리를 받치는 손의 엄지와 약지로 양쪽 귀를 막을 수도 있다. 그리고 수건으로 머리를 말린다. 그러고 나서 목욕통 안에 아이가 놀라지 않게 몸을 천천히 담근다.

아이가 덜 울게 하는 방법은 옷을 입힌 채 물에 담그는 것. 물 안에서 옷을 벗기면 아이가 좀 더 편안해 한다. 가제 손수건으로 구석구석을 부드럽게 닦아준다. 특히 목, 겨드랑이, 팔꿈치, 사타구니 등 접히는 부위를 잘 닦아주어야 한다. 앞을 다 닦은 후 아이를 돌려 가슴 쪽을

한 팔로 지탱한 다음 등과 엉덩이를 닦는다.

아이를 한 손으로 들고, 다른 손으로 목욕통 물을 버리고, 여분의 물을 목욕통에 붓는다. 시간이 조금 지났기 때문에 물이 적절한 온도가 되어 있을 것이다. 그리고 아이의 몸을 구석구석 헹군다. 아이를 꺼내자마자 미리 준비해둔 수건으로 싸고 물기를 닦아준다. 마지막으로 보습 크림을 바르고 옷을 입힌다.

제 8 화

아빠니깐 부족하지 않을까?

아빠가
육아를
더 잘할 수도 있다

은재가 태어난 지 307일째 되는 날

오늘은 베이비페어에 다녀와야 해서 아침 일찍부터 은재와의 외출을 준비하느라 분주했다. '박람회장 내 주차장에 주차를 해야 한다' '휴대용 유모차 전시품 득템해야 한다'는 두 가지 분명한 목적이 있었기에 아침부터 조바심이 났다.

몇 번 베이비페어에 다녀보니, 베이비페어라고 무조건 저렴한 건 아니라는 걸 알게 되었다. 또 가장 확실하게 인터넷 최저가보다도 저렴하게 득템하는 유일한 방법은 박람회 기간 동안의 전시품을 구입하는 것이라는 걸 깨달았다. 그래서 지난번 베이비페어 때에 눈여겨둔 유모차를 전시품으로 사기로 목표를 세운 것이다.

다행히 오픈 전에 도착하긴 했는데 이미 많은 엄마들이 줄을 서 있었다. 알아보니 선착순 이벤트 상품들을 받으려고 줄을 선 것! 오픈하자마자 선착순 이벤트 하는 부스들을 찾아 달려가는 엄마들. 하지만 난 보다 더 큰 나만의 목표를 향해 그들과 반대 방향으로 달려갔다.

그건 바로 마음에 찜해둔 유모차 부스! 숨을 헉헉 거리며 도착한 나는 점원을 붙들고 "○○ 모델 전시품 나갔나요?" 하고 물어보았다. 오늘이 박람회 둘째 날이어서 살짝 불안했다.

"고객님. 아직 남아 있습니다."

'아싸!'

나는 전시품 가격이 얼마인지 물어보고는 가격 흥정을 위해, 10분만 고민해보겠다고 하고 다른 곳을 향했다.

이제 더 큰 문제가 남았는데 그건 바로 은재 엄마를 설득하는 일! 은재 엄마는 아직 절충형 유모차의 필요성을 모른다. 내가 은재를 데리고 다니니깐 내가 필요하다면 진짜 필요한 건데.

은재 엄마와 열심히 문자메시지를 주고받았다. 난 열심히 그 필요성을 주장하며 은재 엄마를 설득했다. 덧붙여 정상가와 베이비페어 특가와 전시품 가격에 대해서도 열변을 토하며 지금이 절호의 찬스라고 말해줬다.

"좀 더 깎아서 구입하든가."

동의를 얻은 나는 가격 흥정을 위해 다시 부스로 돌아갔다. 이미 지난번 베이비페어 때 자세히 살펴봐서 다 알고 있음에도 불구하고 이것저것 물어보며 고민하는 척을 했다. 각고의 노력 끝에 결국 1만 원을 더 깎았다. 물론 서비스 상품도 하나 더 챙겼다.

'이 정도면 만족스럽군. 나도 이제 제법 베테랑 엄마, 아니 아빠야!'

아빠 육아, 해야 하는 건 알지만……

'외국 아빠들은 아이를 잘 봐준다는데, 우리나라 아빠들은…….'

육아에 지친 엄마들이라면 이런 푸념을 한 번쯤은 해봤을 것이다. 전 세계적인 추세를 보면, 1970년대 이후로 아빠 육아의 중요성이 주목받기 시작하여 전통적인 생계의 역할만큼 육아의 역할도 중요시되고 있다. 우리나라의 경우도 아빠 육아휴직 사용자 수가 매년 꾸준히 늘고 있어 2018년에 1만 7662명이 사용했다. 하지만 2016년 통계청 자료를 보면 맞벌이 가정의 엄마 중 75퍼센트가 평일에 3시간 이상 아이를 돌보지만, 아빠는 70퍼센트가 2시간 미만이었다. 아빠 육아에 대한 높은 인식에도 불구하고, 실제 양육 참여율은 여전히 저조한 것이다.

요즘 아빠라 하더라도 이전 세대 아버지들을 보고 자랐기에, 육아가 현대사회를 사는 아빠의 중요한 역할이라는 것을 머리로는 알지만 실제로는 엄마보다 한 발자국 뒤로 물러나 있는 게 이미 몸에 배어 있기 때문일 것이다.

아빠 육아의 질을 높여라

그뿐 아니라 아빠 육아는 엄마가 아이를 돌보는 것과 질적으로 다른 경우가 많다. 한 국내 연구 결과를 보면, 아빠는 아이 돌보는 일 중에 '아이와 놀아주기'를 가장 많이 한다고 한다. 수유하기, 밥 먹이기 및 목욕시키기가 그다음이고, 아빠가 가장 안 하는 것은 아이용품 구매라고 한다. 육아에 전반적으로 관여하지 않으면 각 육아용품의 필요성을 모르기 때문에 흥미가 떨어질 수밖에 없으니 어찌 보면 당연한 결과이다.

하지만 한 육아 박람회 조사 결과에 따르면, 전체 관람객 중 남성의 비율이 2013년 26퍼센트에서 2018년 39.7퍼센트로 늘어났다고 한다. 이는 아빠의 육아 참여의 질이 좋아지는 추세인 것으로 볼 수 있다. 아이를 돌보는 것을 직접적인 돌봄과 간접적인 돌봄으로 나눌 수 있는데, 여기에는 질적인 차이가 존재한다. 직접적인 돌봄은 수유하기, 목욕시키기, 울면 달래주기, 옷 입히기, 기저귀 갈기, 병원 데려가기 등이고, 간접적인 돌봄은 장난감 고치기, 아이와 외출하기 등이다. 기저귀를 직접 갈아주는 아빠라는 의미에서 시작해 육아용품을 직접 고르는 아빠, 더 나아가 육아에도 적극적인 아빠를 일컫는 '다이퍼 대디'라는 말이 있듯이 요즘 아빠들은 수유시키기, 울면 달래주기, 병원 데려가기 같은 직접적인 돌봄도 한다.

하지만 노하우가 필요한 일들은 엄마의 역할이라 생각하며 아예 능력 밖의 일로 치부해버리는 무관심한 아빠들도 여전히 많다.

아빠라고 육아를 못 하리란 법은 없다

아빠 육아의 현실이 이러한 데에는 태도의 문제도 있다. 아빠가 '육아한다'고 표현하는 경우는 극히 드물고 주로 '육아에 동참한다'고 한다. 반대로 엄마는 육아에 동참한다는 말을 거의 사용하지 않는다. 동참이라는 말에 이미 주체가 아닌 돕는 자라는 뜻이 숨어 있기 때문이다. 변화된 현대사회에 적합한 표현은 육아에 동참하는 아빠가 아닌 '육아하는 아빠'인 것 같다.

또 하나의 문제가 있는데 육아에 동참하는 것이 아니라 아빠가 직접 육아를 주도한다 해도 '상황상 어쩔 수 없이 육아를 한다'는 수동적인 태도를 가지게 된다는 점이다. 성별에 따른 직업의 제한이 사라지면서, 아내의 수입이 남편보다 많은 경우가 꽤 있다. 그런 경우에는 본의 아니게 아빠가 아이를 돌보기도 하는데, 괜한 열등감에 자존심이 상하는 경우가 꽤 있고 이는 수동적 육아로 이어지게 된다.

정신분석학자인 에릭슨Erik Homburger Erikson은 아이를 돌보고 싶은 욕구는 남녀 모두의 인간성 안에 내재되어 있는 것으로 보았다. 교육과 학습이 제공되고 기회가 주어진다면 아빠도 아이 돌봄에 있어서 적극적인 주체가 될 수 있는 것이다. 시간이 더 많거나 돈을 덜 벌어서가 아니라, 내가 더 육아에 소질이 있어서 육아를 한다는 자부심이 필요하다.

엄마가 먼저 아빠 육아에 확신을 갖자

육아 시간이나 질보다 중요한 것은 육아의 태도라고 생각한다. 미국 세톤 힐 대학교 숀Donna Shawn Matta 교수 등의 연구에 따르면, 현대사회에 바람직한 남편은 아내와 아이의 욕구에 세심한 주의를 기울이기 때문에 가사 및 육아 활동이 많다고 했다. 아내와 아이 모두의 입장을 섬세하게 고려하여 아빠 육아의 필요성을 제대로 인식하기 때문에 적극적으로 가사와 육아를 한다는 말이다. 이러한 남편은 남녀의 권력이 평등하다고 여기며, 여성을 가사와 육아 전담자로 보지 않고 남성을 생계 부양자로 보지 않는다고 한다.

또한 업무 스케줄을 조정하면서 가족과 많은 시간을 보내려 하며, 아내와의 감정 타협이 조화롭다고 했다. 특이점은 이러한 남편의 아내들은 오히려 특별하게 고마움을 표현하지 않았는데, 고맙지 않아서가 아니라 동등하게 육아해야 한다는 인식이 기본적으로 깔려 있기 때문이었다고 한다.

여기서 중요한 점은 고마움을 표현하지 않는다는 점이 아니라, 육아 분담에 대해 아내 또한 분명한 인식을 가져야 한다는 점이다. 즉, 남편에게 적극적인 육아를 요구하기 전에 아내가 먼저 남편과 육아를 분담하는 것이 당연하다고 여겨야 한다.

육아하는 아빠에 대한 구세대적 고정관념을 깨자

:: 아빠는 악역을 맡아야 한다?

기성세대는 엄한 부성, 자상한 모성을 경험한 경우가 많다. 그래서 아빠들이 엄한 역할을 해야만 할 것 같은 느낌을 받는다. 아이를 양육할 때 단호함이 필요한 경우는 있지만, 공포심 조장은 결코 바람직하지 않다. 강압적이고 싶지 않은데 나도 모르게 그렇게 되는 아빠가 있다면, 이면의 심리를 살펴볼 필요가 있다. 가족으로부터 소외감을 느끼고 있지는 않은지, 아이들에게 버림받을까 봐 두렵진 않은지. 속마음이 두려울수록 겉으로는 강압적이 되며 악순환되는 게 흔한 아빠의 심리와 행동이다.

:: 체벌은 필요하다?

엄한 부모에게 사랑의 매라는 이름으로 맞고 자란 경우도 많아서 체벌에 대해서도 착각하고 있는 부모, 특히 아빠들이 많다. 하지만 체벌은 장기적인 훈육 효과가 전혀 없고 오히려 부작용이 크다는 수많은 연구 결과들이 있다는 것을 꼭 강조하고 싶다. 맞고 자라서 이렇게 잘 컸다고 말하는 사람도 있지만, 맞고 자랐음에도 잘 자랐다고 표현하는 게 적절하다. 그리고 내면을 잘 살펴보면 잘 자란 게 아닌 경우도 많다. 체벌은 법적으로 아동 학대이다.

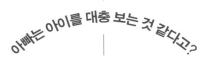

제 9 화

아빠는 아이를 대충 보는 것 같다고?

아빠의
과감함이
아이의 두뇌를
발달시킨다

은재가 태어난 지 393일째 되는 날

오늘은 가족 외식을 하러 뷔페에 갔다. 요즘 은재가 이유식 말고도 이것 저것 먹을 수 있는 게 늘어나면서 다양한 먹을거리를 일일이 준비해야 해서 솔직히 번거롭다. 그래서 모처럼 외식을 하기로 한 김에 다양한 음식을 맛보라고 뷔페에 데리고 가기로 한 것이다. 은재는 아직 무료이기 때문에 왠지 본전 뽑는 느낌도 드니 일석이조!

집에서처럼 은재에게 음식을 자기 마음대로 먹게 했다. 은재는 빵, 볶음밥, 만두, 스테이크 등 다양한 음식을 손으로 뜯어 먹기도 하고, 포크에 꽂아달라고 해서 먹기도 했다.

'우리 은재가 어느덧 이만큼 커서 뷔페 음식도 먹게 되었구나!'

그런데 시간이 지날수록 문제가 생겼다. 먹고 싶은 걸 자유롭게 가져다 뜯어 먹다 보니 흘리는 음식들이 생기고, 유아용 하이체어를 더럽히는 것은 물론 급기야 바닥까지 더럽히게 된 것이다. 집에서는 닦으면 그만이라는 생각에 거리낌이 없었는데, 밖에 나오니 뒤처리를 담당해야 하는 직원들의 눈치가 보였다.

물론 다 먹은 뒤에 하이체어와 바닥까지 내가 다 닦을 테지만, 직원들이 왔다 갔다 하며 우리 자리를 보는 게 신경 쓰였다.

마침 옆 테이블에도 아이를 동반한 가족이 식사를 하고 있었는데, 역시나 엄마가 먹기 좋게 잘라 아이 입안에 쏘옥 넣어주고 있었다. 아주 깨끗하게 보전된 그 아이의 하이체어를 보고, 은재의 하이체어를 보니 심란하기까지 했다.

'우리가 잘못 하고 있는 걸까? 집에서만 '아이 중심 식사'를 해야 하는 걸까?'

은재 입장에서는 식사 방법에 일관성이 없으면 더더욱 혼란스러울 것 같기도 한데…….

아, 이 난관을 어떻게 극복해야 할까?

아빠는 아이를 방치한다?

한 여자 후배가 결혼 직전에 남자친구의 동료들에게 축하 카드를 받았는데, 거기에는 이렇게 쓰여 있었다고 한다.

"축하합니다. 화가 나서 남편을 버리고 싶어져도 아들 키우는 마음으로 극복하세요!"

이 멘트는 여러 사람들에게 큰 웃음을 줬지만, 남편에 대한 바람직한 아내의 마음가짐을 적나라하게 표현하는 것 같아 씁쓸하기도 했다. 이처럼 남편을 첫째 아들 정도로 여기는 아내가 의외로 많은 것 같다. 육아 블로거들의 포스팅을 보다 보면, 분명히 딸 하나 있는 가정인데 "우리 아들, 우리 아들" 하며 누군가를 지칭하는 경우를 적지 않게 보기 때문이다. 아마 그렇게라도 생각해야 남편이 철없는 행동을 해도 마음이 편하다는 이유 때문일 것이다(물론 우리 집은 전혀 그렇지 않다고 말은 못 하겠지만).

요즘 아무리 아빠 육아가 대세라지만, 남편을 바라보는 아내의 마음이 이 정도인데 과연 아내들이 자신의 진짜 아들과 딸을 남편에게 제대로 맡길 수나 있을까? 아빠가 육아하면 아이를 쿨하게(?) 방치할 것 같다는 편견도 그런 면에서 볼 때 어느 정도 이해가 된다.

방치와 방목은 다르다

내가 은재를 키우는 모습을 담은 사진을 가끔 SNS에 올리면, 종종 아이를 너무 방치하는 것 아니냐는 댓글이 달리곤 하는데, 아마도 100퍼센트 농담은 아닌 것 같다. 하지만 나는 방치가 아닌 '방목'을 하고 있다고 확신한다.

방치와 방목의 가장 큰 차이점을 생각해보면, 방치는 울타리가 없고, 방목은 울타리가 있다는 점이다. 대관령에서 소 떼를 방목하는 것을 생각해보면 쉽게 이해가 된다. 대관령의 소들은 초원에서 자유롭게 풀을 뜯고 다니고 싶은 곳으로 다니는 것 같아 보이지만, 커다란 울타리라는 제한선이 분명히 있다. 만약 소 떼를 울타리 없이 방치한다면, 차도까지 나와 교통사고로 이어질 수도 있을 것이다.

사람이 많은 공공장소에서 아이 손을 꼭 잡지 않고 어느 정도 거리를 두고 지켜보는 아빠를 볼 때 엄마 입장에서는 언뜻 보면 방치 같아 보이겠지만 엄밀히 따지면 방목이 맞는 표현이다. 아이에게 자유를 주면서도 위험으로부터 보호해주는 안전망이 있다는 것인데, 이 안전망이 엄마가 만든 안전망보다 다소 넓을 뿐이다.

신나는 음식 탐험, 신비의 세계

나는 은재를 먹이는 일에 있어서도 은재에게 자유를 주며 '방목'하고 있다. 은재는 내가 숟가락으로 떠주는 밥을 얌전히 받아먹을 때도 있고 스스로 숟가락이나 포크를 이용해 먹으려고 노력할 때도 있지만, 손으로 밥을 만지고 주무르거나 옷에 바르고 싶어 할 때도 있다. 나는 그때마다 하지 못하게 제지하는 것이 아니라 그 마음을 헤아려 그대로 두는 편이다.

빵이나 과일을 줄 때에도 마찬가지인데, 역시 먹고 싶은 대로 먹으라고 자르지 않고 통째로 아기 식탁에 올려준다. 그러면 은재는 그날의 기분에 따라 빵을 통째로 입에 넣으려고 애를 쓰기도 하고, 쌓아둔 분노를 풀듯이 막 찢기도 하며, 때로는 통째로 바닥에 던져버리고 좋아하기도 한다. 그나마 빵이면 뒤처리가 수월한 편인데, 오렌지나 딸기 같은 과일은 뒤처리의 강도가 좀 다르다.

종종 이처럼 은재가 음식을 자유롭게 먹는 모습과 그 음식의 잔재들을 블로그에 포스팅하기도 하는데, 그 사진을 보는 것만으로도 스트레스를 많이 받는다는 댓글들이 무수히 달리곤 한다. 아이가 음식을 흘릴 때마다 바로바로 닦아주고 싶고, 더 나아가 원천적으로 음식을 흘리지 못하도록 잘게 잘라서 입에 쏙 넣어주고 싶은 것이 대부분 육아하는 엄마들의 공통된 마음인 것 같다.

음식을 흘리면서 아이의 우뇌는 발달한다

처음부터 아이에게 올바른 식습관이 배도록 하기 위해 음식을 만지며 장난하거나 흘릴 때에 확실히 훈육하는 것이 좋은 것 아니냐고 반문할지도 모르겠다. 하지만 일반적으로 만 3세가 될 때까지는 그러한 훈육은 거의 효과가 없을뿐더러 좌절감과 불필요한 수치심을 유발할 수도 있다. 아이의 뇌가 아직은 훈육을 이해하거나 충동을 조절할 만큼 발달하지 못했기 때문이다.

그러므로 식사를 일정한 장소에서 하게 하는 등의 자연스러운 습관 형성 이외의 식사 예절 교육은 만 3세 이후에 해도 결코 늦지 않다. 어느 순간 가르치지 않아도 부모의 식사 모습을 보고 따라 하게 되거나 어린이집, 유치원 등 단체 생활을 하면서 다른 아이들을 따라 하게 된다. 오히려 그전에는 아이가 하고 싶은 대로 하도록 두는 것이 우뇌 발달의 발판이 된다.

'흘려도 내가 하고 싶은 대로 할 거야'라는 아이의 탐험 욕구를 충족시켜주면, 흘리는 음식과는 감히 비교할 수 없을 정도의 우뇌가 발달한다. 자기가 하고 싶은 대로 하는 동안, 스스로 생각하고 시행착오를 하는 동안 창의성과 직관력과 관련된 우뇌가 발달 중이라는 것을 잊지 말자. 식사 예절과는 달리 우뇌 발달은 가르쳐서 되는 게 아니고, 영유아기에 폭발적으로 이루어진다.

오감 발달과 소근육 발달은 보너스

'아이 중심 식사'의 장점은 이것뿐만이 아니다. 밥풀을 한 톨 한 톨 만지고, 빵을 찢고, 오렌지를 코에 묻히며 냄새 맡고, 끈적끈적한 바나나를 주무르는 과정을 통해 아이는 무궁무진한 음식의 세계를 경험하게 된다. 이것이야말로 오감 발달과 소근육 발달의 과정인 것이다.

꼭 돈과 시간을 투자해서 아이와 함께 문화센터에 등록해서 오감 발달과 소근육 발달 관련 수업을 듣지 않더라도, 집에서 자연스럽게 경험시켜줄 수 있다. 뒤처리를 위해 조금 더 부지런해질 마음의 준비만 되어 있다면 말이다.

쿨 대디에게 배우는
아이 중심의 식사법

:: 음식은 '불편하게' 주자

아이가 음식의 세계를 탐험할 여지를 남겨주자. 아이가 음식을 먹는다는 것은 단순한 섭취 이상의 의미가 있다. 입으로 들어가기 전에 음식을 만지고, 주무르고, 몸에 바르고, 냄새 맡고, 얼굴에 비비는 등 수많은 경험의 기회가 있는 것이다. 그러한 음식이라는 세상을 탐험할 기회를 혹시 막고 있지는 않은지 돌아봐야 한다. 한 입에 쏘옥 들어가도록 잘라주거나, 손이나 숟가락으로 입안에 쏘옥 넣어주는 행동 등이 그 예가 될 것이다. 아이를 '편하게' 해주려는 행동인 줄 알았는데, 알고 보니 탐험하고 싶은 마음을 '불편하게' 만드는 행동이었는지도 모른다.

:: 음식을 흘린다고 야단치거나 바로 닦아내지 말라!

떠먹여주는 이유식을 받아먹던 아이가 처음으로 숟가락을 이용해서 먹게 되면 음식은 전부 흘리고 빈 숟가락만 입에 넣고 쪽쪽 빠는 모습을 보게 된다. 스스로 먹는 과정에서 음식을 흘리는 것은 당연한데, 이는 중력의 원리를 이해하지 못했고, 소근육이 충분히 발달하지 못했기 때문이다. 이때 식사 교육을 한답시고 음식을 흘렸다고 나무라면 교육은커녕 아이가 주눅이 들어 오히려 숟가락을 이용하는 시기를 늦출 수도 있다. 아이가 스스로 하고 싶어 할 때에는 음식을 흘리도록 놔두면서 중력과 점성의 원리를 조금씩 깨닫게 해주고, 도움을 받고 싶어 할 때에는 숟가락을 아이와 함께 잡고 입에 가져다주는 것이 자연스럽게 배울 수 있어 훨씬 효과적이다.

제 **10** 화

대한민국에서 육아빠란?

스칸디 대디
부럽지 않은
코리안 대디를 향해

은재가 태어난 지 469일째 되는 날

어느 날 SNS를 하다가 깜짝 놀랐다. 내가 좋아하는 가수의 페이스북에 올라온 내용 때문이다. 요즘 그는 북유럽을 여행하며 여행기를 올리는 중인데, 그날은 아주 간지 좔좔 넘치는 스칸디 대디가 벤치에 앉아 유모차를 앞에 두고 잡지를 보는 사진을 올린 것이다.

거기까지는 좋았는데 그 아래 사진 설명을 보니, 그는 한국의 수많은 코리안 대디들의 존재조차 모르는 듯했다. 내용은 이러했다.

'북유럽에서는 유모차를 혼자 끌고 가는 젊은 남자들을 자주 마주치게 된다. 공원에 앉아서 수다를 떨기도 한다. 우리나라에선 상상도 할 수 없는 풍경이다. 한국인 아빠들은 아내와 함께 북유럽 여행은 삼가는 것이 좋겠다. 하하하.'

그의 목소리도, 작곡 능력도, 감성도, 외모도, 아니 외모는 빼고 다 좋아하는, 정말 좋아하는 가수인데 진짜 실망이다.

예상대로 수많은 엄마들이 댓글로 자기 남편에겐 있을 수도 없는 일이라는 등 부러움을 토로했다. 나는 그냥 보고만 있을 수 없다는 생각에 욱하는 마음으로 댓글을 달았다.

'아니에요. 한국에도 요즘 이런 아빠들이 늘어나고 있어요. 저도 육아를

직접 하고 있는 육아빠인 걸요.'

다행히 많은 분들이 내 댓글에 '좋아요'를 눌러줬다.

왠지 스칸디 대디 따라가려고 노력하는 수많은 코리안 대디들과 이 사태(!)를 공유하고 싶어서 아빠 카페에 캡처해서 올렸다. 예상대로 이번엔 아빠 카페 회원들이 열을 냈다.

"한국도 요새 이러지 않나요? 이분 외국 나가신 지 오래되셨나 봐요."

"뭘 좀 모르는 듯."

"그러게요 한국에 안 사시는 듯……."

"노래는 잘하는데 육아는 잘 모르시네."

"이런 내용으로 노래 만들지 않기를 바라요."

물론 북유럽에 비해 한국은 아빠가 육아하기에 여러모로 열악하다. 그래도 육아에 관심이 많은 아빠는 물론, 아이를 잘 보기 위한 정보를 공유하는 아빠 카페도 점점 늘어나고 있으며, 각각 카페들의 활동도 점점 활발해지고 있는 추세이다.

곧 스칸디 대디 저리가라 하는 코리안 대디가 붐을 이룰 것이라는 확신이 든다! 암, 그럼그럼!

아무쪼록, 오늘도 전국 각지에서 육아에 힘 쏟고 있는 코리안 대디들 파이팅!

프렌디가 대세다

아빠 육아를 주제로 한 관찰 예능 프로그램들은 수년 동안 친구 같은 아빠를 뜻하는 프렌디의 개념을 전 국민에게 확실히 각인시켜주었다. TV 프로그램에 나오는 아빠들을 보면 전통적인 아빠로서의 권위나 엄격한 모습은 거의 찾아볼 수 없고, 아이와 같은 동심을 지녀 가끔은 유치해 보이기도 하는, 말 그대로 친구 같은 아빠들의 모습이 대부분이다.

물론 실제 가정에서는 아빠로서의 권위도 분명 있을 것이라 생각되지만 방송에서 부각되는 부분은 주로 함께 놀고 함께 어울리는 장면들이고 그러한 모습들이 시청자들에게 감동과 도전을 주고 있다.

이러한 영향 때문인지 몰라도 키즈 카페에 가보면 수년 전과는 달리 아빠들을 쉽게 찾아볼 수 있다. 심지어 나처럼 아빠 혼자 아이를 데려온 경우도 자주 마주치게 된다.

스칸디 대디가 뭐예요?

프렌디라는 말이 이미 익숙하고 스스로 프렌디가 되려고 노력 중이라면, 아마 '스칸디 대디'라는 말도 들어봤을 것이다. 스칸디나비아 반도 국가의 아빠를 스칸디 대디라고 하는데, 2012년 영국 〈더 타임스 The Times〉에 스칸디 대디 육아법이 실린 이후 화제가 되고 있다.

핀란드 등 스칸디나비아 반도 국가의 스칸디 육아법은 아빠와 엄마의 공동 육아 및 가사 참여가 특징이다. 아빠가 육아에 무관심하거나 엄하게 아이를 다스리는 한국 전통의 수직적 아빠 – 자식 관계와는 달리, 스칸디 대디는 수평적 관계를 기본으로 하여 아이를 체벌하지 않고 자상하게 조곤조곤 설득하거나 단호함으로 다스린다. 또한 기본적으로 아빠가 아이와 함께 보내는 시간이 매우 많고, 아무리 한겨울이어도 유모차를 밀고 산책을 자주 나가는 등 아이를 집에서만 키우는 것이 아니라 아이에게 늘 자연과 함께하는 기회를 주곤 한다.

대한민국에서 스칸디 대디로 살 수 있을까?

하지만 대한민국 아빠가 무턱대고 스칸디 대디를 따라 하기에는 억울한 면이 좀 있다. 스웨덴의 경우를 예로 들면, 아빠와 엄마가 480일

간의 유급 육아휴직을 나눠 쓸 수 있도록, 심지어 최소 90일은 아빠가 육아휴직을 하도록 의무화하는 등 정책적으로 지원해주기 때문이다. 또한 유모차를 밀기만 하면 무료로 버스를 탈 수 있는 등 육아에 대한 세심한 지원이 참 부러울 정도이다.

우리나라도 아빠의 육아휴직이 폭발적으로 늘고 있지만 여전히 공무원이나 대기업 중심이고 동료와 상사의 눈치를 볼 뿐 아니라 승진에도 제약이 있을 수 있는 것이 현실이다. 제도는 계속 개선되고 있지만 자연스러운 문화가 되려면 시간이 꽤 필요할 것 같다.

나는야 코리안 대디!

그렇지만 아빠 육아 지원 정책과 문화를 탓하는 것보다는 한국 실정에 맞게 함께 육아하려고 노력하는 것이 더 바람직하다. 꼭 휴직까지 하지는 않더라도 퇴근 후 또는 주말에 아이 돌보기에 힘쓰면 된다. 물론 포기할 것이 분명히 있는데, 한 예로 친구들과의 모임은 이전과 같은 정도로 참여할 수는 없다. 하지만 억지로 모임을 줄여야 하는 것은 아니다. '나는 육아를 하는 아빠'라는 정체성만 확실히 가지고 있다면 자발적으로 모임을 줄일 수 있다.

그리고 아이 돌보기만큼 중요한 것이 있는데 바로 '가사 분담'이다.

맞벌이가 많아지면서 전통사회보다는 남편이 집안일을 많이 하는 편이지만, 설사 맞벌이가 아니더라도 집안일을 분담하는 것이 좋다. 아빠가 직장에서 일하는 동안 엄마도 집에서 일을 하기 때문이다.

사회문화적, 정책적 지원은 여전히 충분하지 않지만 육아에 함께하는 아빠들이 많아지면 누가 알겠는가. 언젠가 〈더 타임스〉에 코리안 대디 육아법이 실릴지.

코리안 대디 육아빠의 깨알 조언

:: 커밍아웃하라!

직장 문화가 아빠 육아에 관대하지 않다고 불평만 할 게 아니다. 혹시나 왕따가 될까 우려하지 말고, 기회가 될 때마다 동료에게 육아의 비중을 각별하게 생각한다고 말해보자. 가능한 한 아이와 많은 시간을 보내고 싶다고 말하면, 의외로 주변의 다른 많은 사람들도 그렇게 생각하고 있음을 발견할 것이다. 아빠 육아가 대세인 이 시점에서 육아에 적극적으로 나서려는 아빠 동지들이 모여 힘을 합치면 점점 육아에 관대한 직장 문화가 만들어질 것이다. 친구들에게도 커밍아웃을 하는 게 도움이 된다. 또 동창회 및 동호회 회계나 총무 등 시간이 필요한 자리는 다른 사람에게 넘기는 지혜가 필요하다. 왜? 나는 이제 아빠니깐.

:: 아빠 카페를 통해 도움을 받아라

언론에서는 아빠 육아가 대세이지만, 정작 주변에서는 그런 사람을 찾기 어렵다면 인터넷 카페에 가입해보자. '육아 아빠'로 검색하면 육아하는 아빠들 모임을 여러 개 발견할 수 있다. 그중에서 〈아빠놀이학교〉와 〈100인의 아빠단〉을 추천한다. 기저귀 가는 법, 목욕시키는 법 등 기본적인 육아 방법부터 여러 가지 고민들까지 도움 받을 수 있고 오프라인 모임도 점점 늘어가는 추세이다. 내가 당장 육아를 했을 때에 가지는 애로사항은 다른 아빠들에게도 똑같이 고민이었다는 것을 발견할 것이다. 또한 멋지게 육아하는 아빠들의 사진과 글을 보다 보면, 희한하게 묘한 경쟁심이 생겨나고 뭔가 해보고 싶은 마음이 불끈불끈 들 것이다.

아이의
마음을 읽으면
육아의
방법이 보인다

부모가 꼭 알아야 할 아이 심리

제 **11** 화

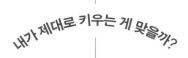

내가 제대로 키우는 게 맞을까?

부모는
아이의
거울이다

은재가 태어난 지 134일째 되는 날

은재가 웃기 시작했다. 아무리 내가 웃기는 말과 행동을 해도 무덤덤하고, 늘 자기가 웃고 싶을 때만 웃고, 울고 싶을 때 울던 은재가 드디어 나의 말과 행동에 반응하기 시작한 것이다. 아이들은 보통 4개월 차에 접어들면 사회적 웃음을 보이기 시작하는데 우리 은재도 정상적인 발달 속도를 신기하게도 맞춰가며 하루하루 커가고 있구나 싶다.

'기특하다. 우리 은재. 암, 암, 누구 딸인데.'

요즘 은재를 웃기기 위한 여러 가지 방법을 개발하는 재미가 쏠쏠하다.

근데 오늘은 은재가 거울에 비친 자기 얼굴을 보고 활짝 웃는 것을 발견했다. 혹시 우연인가 싶어서 거울에 비춰주기를 몇 번이고 반복해봐도 분명 자기 얼굴을 보고 웃고 있었다. 그냥 '씨익' 하고 미소만 짓는 정도가 아니라 '꺄르르' 소리까지 내어 웃는다. 그 모습이 어찌나 귀여운지, 나와 꼭 닮은 붕어빵 딸을 둔 아빠로서 이보다 뿌듯한 일이 있을까?

은재 외모가 나를 너무 빼다 박아 큰일이라는 은재 엄마의 우려와는 달리 은재는 자기 외모에 만족하고 있는 것 같다.

우리 은재, 다른 건 몰라도 자존감 하나는 끝내주네.

마음이 흔들리는 아이가 되지 않도록

아빠인 내가 은재를 키우다 보니, 아무래도 엄마들보다 자주 아이를 번쩍 들어 올려 이리저리 흔들며 놀아주는 경우가 많다. 그런데 아빠가 아이를 들고 흔들며 놀아주면 '저러다 우리 아이가 흔들린 아기 증후군Shaken Baby Syndrome에 걸리는 것은 아닐까' 하며 노심초사하는 엄마들이 있다.

'흔들린 아기 증후군'이란 사지나 어깨를 잡고 앞뒤로 심하게 흔들어서 머리 외상에 대한 증거 없이 뇌나 안구 내의 손상에 의한 출혈이 야기될 때를 일컫는다. 하지만 흔들린 아기 증후군은 아동 학대 등의 고의성 없이 실수로는 거의 생기지 않으니 아빠의 이러한 놀이 방법에 대해 과도하게 걱정할 필요는 없을 것 같다. 오히려 최근 발표되는 논문들을 보면 흔들린 아기 증후군이 실제로 존재하는지 자체에 의문을 던지는 추세이다.

되레 부모라면 아이의 '머리'가 흔들릴까 걱정하기보다, 혹시 '마음'이 흔들린 아이가 되진 않을까 걱정하는 것이 훨씬 중요하지 않나 생각해본다.

부모는 아이를 비추는 거울

아이의 마음이 흔들리지 않고, 늘 안정되게 해주려면 어떻게 해야할까? 나는 거울에서 그 해답을 찾아보고 싶다. 은재가 배내웃음(배냇짓) 시기를 지나 사회적 웃음을 보이기 시작했을 때 은재를 어떻게든 웃겨보려고 노력했던 기억이 난다. 이때 은재를 웃기는 여러 방법 중에서 가장 확실한 것은 바로 거울을 보여주는 것이었다.

그 이유가 무엇일까 곰곰이 생각해보다가 깨달은 점이 있는데, 거울이야말로 가장 즉각적이고 정확하게 자신의 감정에 반응해주기 때문이다. 그것을 다른 말로 '공감'이라고도 한다.

자기심리학을 개척한 하인즈 코헛Heinz Kohut은 아이가 엄마를 향해 어떠한 행동을 보였을 때 거울처럼 공감과 반응을 잘 해주면 아이 스스로 만족스러운 자존감을 형성한다는 의미에서 '거울 전이Mirror Transference'라는 용어를 사용했다. 아이가 부모로부터 배우는 감정에 대한 경험은 부모라는 거울에 비치는 자신의 모습과 직결되고, 그것은 결국 마음속에 만들어지는 자신의 이미지가 된다.

아이가 심리적으로 안정되기 위해 필요한 것은 이러한 거울로부터 오는 인정과 관심이다. 하인즈 코헛은 이것을 '심리적 산소'라고 불렀다. 신체적 안녕을 위해 꼭 필요한 것이 산소인 것처럼 심리적 안정을 위해서 인정과 관심이 꼭 필요하다는 이야기이다.

인정과 관심을 통한 심리적 안정을 얻기 위해서는 아이 곁에 어떤 거울이 있는가가 중요하다. 그러므로 거울과 같은 부모가 되어주기 위해서는 먼저, 아이를 '어떻게 비출 것인가'를 고민해봐야 한다. 부모가 거울이 되는 것 자체도 중요하지만, 얼마나 정상적인 거울이 되는가는 더욱 중요하기 때문이다.

거울이 흔들리면 아이도 흔들린다

만약 거울이 흔들리면 어떻게 될까? 한번은 자동차 조수석에 타고 가다가 머리를 손질하느라 천장에서 내린 거울에 비친 내 모습을 보고 순간 깜짝 놀랐다. 왜냐하면 너무 잘생겨 보여서!

하지만 차가 멈추자 거울에 비친 내 얼굴은 평소 그대로, 정직하게 비쳤다. 이렇듯 거울이 흔들리면 사물을 왜곡되게 반사시키기 때문에 있는 그대로 보여주는 거울의 제 기능을 다하지 못할 뿐 아니라, 오히려 역효과를 불러일으킬 수도 있다.

거울이 사물을 정확하게 비추기 위해선 먼저 사물의 상을 있는 그대로 받아들여야 하듯이, 아이에게 적절한 반응을 보이기 위해서는 먼저 아이의 마음을 왜곡 없이 있는 그대로 읽어야 한다. 부모가 아이의 감정을 제대로 이해하지 못하는 흔들린 거울이 되어 아이의 상을 받아들이고 아이를 비추는 것이 반복되다 보면, 공감 받지 못한 아이의 마음 역시 흔들리면서 불안정해질 수밖에 없다. 그러다 보면 안정감 있는 자아정체성이 형성될 수 없는 것이다.

흔들리지 않는 거울이 되어주자

거울이 되어주는 것은 부모의 특권이다. 거울의 반사각이 정확하기 위해서는 먼저 입사각이 정확해야 한다. 어떻게 하면 아이에게 적절한 반응을 해줄 수 있을까 고민하기 이전에, 충분한 관찰을 바탕으로 한 이해가 먼저라는 이야기이다. 이해하지 못하고 섣불리 하는 공감은 아이에게도 역시 공감 받지 못하기 때문이다.

정신과 전공의 초반에 선배에게 혼나면서 배웠던 것 중 하나가 바로 '자세히 들어보고 이해하기 전에 섣불리 공감하지 말라'는 것이었다. 상대방의 구체적인 상황과 마음을 정확하게 이해하지도 않은 채 그냥 공감을 표시하게 되면 상대방은 형식적인 반응이라고 느낀다는 것이다.

부모와 자식 간에도 마찬가지이다. 부모는 정확하고 안정적인 거울이 되어 아이를 비춰줘야 한다. 아이가 행복감에 웃을 때에는 '나도 너처럼 행복하다'며 같이 웃어주고, 아이가 배고프거나 졸려서 짜증을 낼 때에는 '나도 마음이 아프다'며 공감과 위로를 해줘야 하는 것이다.

부모로서 아이에게 어떤 거울인지, 혹시 흔들리는 거울은 아닌지 늘 스스로 체크하자.

아직 의사 표현을 못 하는 우리 아이, 어떻게 공감해줄 수 있을까?

말을 하지 못하는 아이도 자신이 공감 받고 있는지 여부를 알 수 있다. 그러므로 아이가 부딪히거나 넘어져서 아파할 때에 놀란 반응을 보이거나 우는 아이를 달래기 전에 먼저 어디가 어떻게 부딪혀서 얼마나 아플지 최대한 추정해본 뒤에 "아이고, 많이 아프지?"라고 말하면서 그 아픔을 공감해주어야 한다. 반대로 아이가 갑자기 웃을 때에는 이유도 모른 채 막연하게 웃어주는 것보다는 아이의 입장에서 왜 웃고 있는지를 재빨리 파악하려고 애쓴 다음에 아이의 웃음을 이해하고 공감을 바탕으로 함께 웃어주는 것이 좋다.

또 한 가지 중요한 것은 아이의 눈을 보고 말해야 한다는 것이다. 아이가 어차피 못 알아듣는다고 생각하며 아이를 똑바로 보지 않고 다른 곳을 보며 말을 하면 안 된다. 부모의 이러한 태도는 아이에게 무관심으로 느껴질 수 있을 뿐 아니라, 아직 말을 알아듣지 못하는 아이의 경우는 부모의 목소리 톤과 크기뿐 아니라 눈빛에 더욱 집중해서 상황을 파악하곤 하기 때문이다.

만약 반응이 어렵다면 단순히 아이의 행동을 말로만 설명해줘도 좋다. 예를 들어 아이가 장난감을 잡았을 때, "은재가 장난감을 잡았구나"라고만 얘기해줘도 아이의 행동에 대한 인지를 도우면서 공감도 표현할 수 있다.

잘못된 육아 상식에 속지 말자

'우는 아기 안아주면 손 탄다'는 잘못된 육아 상식의 대표주자이다. 우는 아기를 오랫동안 방치하는 것보다 더 최악의 육아법은 없다. 아이가 오랫동안 울면 스트레스 호르몬인 코르티솔이 분비되는데, 이는 사회성에 관여하는 전두엽에 악영향을 미친다. 그러므로 가능하면 우는 아기는 즉시 달래주는 것이 좋다.

또 아이가 울 때에 즉시 달래주는 것이 반복되다 보면 나중에는 오히려 덜 울게 된다. 아기는 울음으로 의사를 표현하는데, 그때마다 반응을 보이고 그 필요를 채워주는 것이 애착 형성의 기본이다. 배고파서 울면 배를 채워주고, 졸려서 울면 빨리 재워주고, 심심해서 울면 놀아주고, 불안해서 울면 꼭 안아줘야 한다.

도저히 우는 이유를 모르겠다 싶으면 일단 안아주거나 등을 두들겨주는 등 친밀하게 신체 접촉을 해줘야 한다. 그렇게 하면 오히려 아이의 자립심이 발달된다는 보고가 있다. 우는 아이를 그냥 냅둘 것 같은 서양에서도 최근 우리의 전통 육아에 대한 관심이 높아지고 있다. 뉴욕에서는 한국인이 강의하는 포대기 육아가 큰 인기를 끌고 있기도 하다. 친밀한 신체 접촉이 그만큼 중요한 것이다.

제 12 화

마음 넓은 아이로 키우려면?

내 아이
공감 능력
높이기

은재가 태어난 지 356일째 되는 날

갑자기 거실에서 놀던 은재의 울음소리가 들렸다. 자지러지게 우는 게 아니라 뭔가 서럽게 짜증 섞인 울음이었다. 알고 보니, 자기가 연 서랍을 닫으며 손이 끼인 것. 요즘 은재가 자꾸 서랍을 열기에 '빨리 서랍 잠금장치를 사야지' 하고 있었는데 내가 한 발 늦었다. 손가락 상태와 울음의 정도를 보니, 다행히 골절을 의심할 정도는 아닌 듯했다.

"아이고, 우리 은재 아야 했어?"

은재는 닭똥 같은 눈물을 한 방울씩 뚝뚝 흘리며, "우웅~ 우웅~" 거리며 불쌍한 표정으로 나를 쳐다본다. 그러고는 서랍을 가리키며 뭐라 뭐라 외계어를 한다.

나는 전혀 알아들을 수 없는 말이지만 알아듣는 척하면서 말했다.

"나쁜 서랍!! 떼끼 떼끼!!"

그러자 신기하게 은재도 눈물을 멈춘다. 그리고 또다시 집 안 구석구석을 탐색하기 위해 길을 나섰다. 아, 아이들이 비록 말을 못 알아듣더라도 공감해주는 건 기막히게 알아차리는구나.

알았어, 은재야. 앞으로도 아빠가 너 아프게 하는 것들 다 떼끼 떼끼 해줄게.

공감하는 것이 진정한 힐링

웰빙을 넘어 힐링이 대세가 된 지도 이미 오래이다. 힐링 캠프, 힐링 푸드, 힐링 음악 등 언제부턴가 똑같은 것이라도 '힐링'이란 말을 앞에 붙이면 대중이 보다 큰 관심을 가지게 된 것 같다. 힐링이라는 말이 이렇게 대세가 된 이유가 무엇일까?

힐링의 사전적 의미는 '치유'이지만, 사람들이 기대하는 힐링에는 그 이상의 의미가 있는 것 같다. 웰빙이 신체적 건강에 국한된 개념이었다면 힐링은 심리적 건강까지 아우르는 의미이다. 힐링이 되려면 자신의 마음을 다른 사람에게 공감 받아야 한다고 생각하기 쉽지만, 진정한 힐링은 먼저 다른 사람을 이해하고 공감해주는 것이라고 생각한다.

관찰 예능이 시청자들에게 사랑받고 있는 이유도 바로 여기에 있지 않나 싶다. 연예인들은 화려함 뒤에 있는 소박하고 평범한 일상을 보여주며 자신의 이야기를 허심탄회하게 털어놓고 이를 통해 시청자들은 그들의 삶에 한 걸음 더 다가갈 수 있게 되었다. 이전까지는 구체적으로 알 수 없었기에 나오는 다른 세계라고만 생각했던 연예인의 삶을 깊이 이해하고 공감할 수 있게 된 것이다. 상대방을 깊이 공감하게 되면, 신기하게도 나 자신이 공감 받는 느낌이 든다. 내가 누군가를 공감할 수 있듯이, 그렇게 나도 공감 받을 수 있을지도 모른다는 희망이 생기는 것이다. 그런 면에서 볼 때, 공감을 주고받는 것이야말로 진정한 힐링인지도 모른다.

공감에도 능력이 필요해!

그렇다면 공감이란 무엇일까? 먼저 공감의 사전적 의미부터 살펴보면, 다른 사람에게 '감정을 이입한다'는 뜻이다. 즉, 다른 사람의 입장이 되어 그 마음을 느끼고 그것을 통해 심리 상태를 지각하는 방식인 것이다.

홍보를 목적으로 하는 게 아니라면 대부분은 '다른 사람과의 소통'을 SNS 운영의 가장 근본적인 목적으로 하고 있다. 육아 인스타그램을 예로 들자면, 소통을 목적으로 하지 않는다면 굳이 인스타그램에 공개할 필요 없이 혼자서 육아 일기를 쓰면 될 것이다. 인플루언서로서 영향력의 척도는 댓글 수와 공감 개수이고, 그래서인지 기업이 마케팅을 위한 인플루언서를 선발할 때에도 단순 팔로어 수보다 댓글 수와 공감 개수를 그 기준으로 삼기도 한다. 공감을 잘 이끌어 내는 사람이 영향력 있는 사람이고 결국 제품 구매로 이어지게 할 수 있는 것이다.

여러 진료 분야 중에 환자와의 소통이 가장 중요한 분야는 바로 정신과이다. 그래서인지 정신과 의사의 덕목 중 하나가 바로 공감 능력이다. 환자에게 잘 공감하는 의사가 결국 환자의 공감도 잘 이끌어 낸다. 정신과 전공의를 선출할 때에 성적만큼 면접의 비중이 큰 이유이기도 하다.

그런데 공감이면 공감이지 공감 능력은 무엇일까? 공감을 하는데도 능력이 필요하다는 이야기일까? 결론부터 이야기하자면, 'Yes'이다.

공감 능력은 행복한 삶의 필수 조건

'우리 아이는 머리는 좋은데 진학할수록 점점 성적이 떨어진다'는 이야기를 하는 학부모들이 있는데, 그것은 공감 능력과 관련이 있을 수 있다. 학년이 올라갈수록 친구 관계가 학업에 주는 영향이 커지기 마련인데, 친구 관계는 사회성과 직결되고 사회성의 필수 요건이 바로 이 공감 능력이기 때문이다. 대학생이 되면 프로젝트 등 다른 사람과 어울려 과제를 수행해야 할 일들이 많아지고, 직장에 가면 업무의 대부분이 다른 사람과 협동으로 해야 하는 일이다. 아주 특수한 몇 분야를 제외하고는 자기 혼자서 일을 할 수 있는 직업은 거의 없다. 그래서 지능 못지않게 공감 능력이 중요한 것이다.

지능이 우수함에도 불구하고 공감 능력이 부족해 대인 관계가 어렵고 사회생활을 잘하지 못하며, 결국은 사회적으로 성공하지 못하는 경우를 주변에서 적지 않게 볼 수 있다. 드라마나 영화를 봐도 영 재미가 없어서 전혀 보지 않기도 한다. 등장인물의 입장과 마음을 공감하지 못하기 때문에 재미가 없는 것이다.

아이가 훗날 사회적으로 성공하는 것도 중요하겠지만, 일상의 행복 또는 삶의 질이라는 측면에서 볼 때 드라마나 영화조차 즐기지 못한다면 어떨까? 생각만으로도 참 안타깝다.

공감을 받아본 아이가 공감할 수 있다

그렇다면 아이의 공감 능력을 어떻게 키워줄 수 있을까? 먼저 아이의 마음을 공감해줘야 한다. 아이가 태어나 가장 먼저 시작하는 인간 관계는 바로 부모와의 관계이다. 부모에게 공감 받지 못하면 부모를 공감할 수 없고, 그럼 당연히 다른 사람도 공감할 수 없게 된다.

아이가 아직 말을 하지 못하더라도 충분히 공감을 해줄 수 있다. 아이는 생후 9개월쯤 되면 다른 사람이 자신의 감정을 알아준다는 것을 인지한다. 이전에도 부모의 감정을 읽을 수는 있었지만 부모가 자기의 감정에 반응하는 것이라고 느끼지는 못했는데, 생후 9개월이 되면 최초로 쌍방향 커뮤니케이션이 가능해지는 것이다.

정리해보면, 아이의 공감 능력을 키워주기 위해서는 부모가 먼저 아이를 공감해줘야 한다. 자신의 감정을 정확하게 이해하고 적극적으로 반응해주는 부모를 통해 어린 시절부터 공감 받는 느낌을 충분히 받으면 자연스럽게 공감 능력이 형성된다.

아이가 잘못된 행동을 할 때의 공감법

공감하기 어려운 상황도 공감해야 할까? 결론부터 말하면 그렇다. 한 예로, 아이가 친구를 때리는 행동을 한 상황을 생각해보자. 이때도 공감을 해줘야 한다. 육아의 대원칙은 마음은 수용하고 행동은 통제하는 것이다. 어떠한 상황에서도 아이의 마음과 행동을 구분해서 마음을 헤아리려 노력한 후 공감해줘야 하고, 행동은 필요에 따라 통제하면 된다.

친구를 때리는 상황에서 아이 마음은 어땠을까? 사람의 마음은 크게 생각과 감정으로 나눌 수 있다. 친구에 대한 미움이라는 감정을 알게 되었으면 "친구를 미워하면 안 돼"라고 말해줄 게 아니라 "친구가 미웠구나, 근데 왜 미웠어?"라고 말해줘야 한다. 예를 들어, 친구가 장난감을 먼저 가지고 논 후에 자기가 가지고 놀기로 했는데, 친구가 주지 않고 계속 가지고 놀아서 화가 나고 억울하고 친구가 미워서 괴롭혀주려고 때렸을 수 있다. 그런 아이의 나름의 생각을 구체적으로 이해하려고 최대한 애써야 한다. 판단 없이 그 마음을 충분히 공감해준 다음에 "하지만 친구를 때리면 안 되는 거야"라고 단호하게 행동을 통제하고 가르치면 된다.

제 **13** 화

아이가 너무 떨어지지 않으려고 한다면?

아이의
분리 불안에
대처하는 법

은재가 태어난 지 301일째 되는 날

요즘은 은재가 도무지 나와 떨어지려고 하질 않아서 고민이다.

예전 아이가 없을 적에 비슷한 문제로 고민하는 부모들을 보며, 어여쁜 딸내미가 부모와 꼭 붙어 있고 싶다는데 그게 무슨 고민일까 싶었는데, 막상 내가 경험해보니 이것처럼 난감한 것도 없지 싶다.

오늘은 은재가 방에서 혼자 잘 놀기에 거실로 슬쩍 볼일을 보러 나갔는데, 어떻게 알았는지 금방 눈치를 채고 마구마구 울기 시작했다.

'은재야, 방에 같이 있을 땐 아빠에게 신경도 안 쓰더니만 요즘 너 왜 이러니.'

그래서 다시 방으로 돌아오면 언제 그랬냐는 듯이 울음을 그치고 신나게 논다. 사실 집안일을 할 때야 은재를 옆에 두고 하면 되지만, 화장실 갈 때가 문제이다.

화장실 문을 열고 볼일을 보는 건 기본이고, 화장실 문 앞에 보행기나 유모차를 두고 은재를 올려놓아야 마음이 편하다.

그것도 은재 컨디션이 좋을 때야 괜찮지만, 심할 때에는 은재를 안은 채 볼일을 봐야 할 지경이다.

다른 아이들도 그런가 싶어 블로그에 화장실 문 앞 유모차에서 날 바라보는 은재 사진을 찍어 올렸더니, 어머, 이거 엄마들의 공감과 호응이 장난 아니다.

놀라우면서도 한편으로는 다행이다 싶다.

'휴~ 우리 은재만 그런 건 아니었구나.'

아빠 어디 가?

〈아빠! 어디 가?〉라는 TV 프로그램은 큰 사랑을 받으며 아빠 육아 문화 확산에 중요한 역할을 했다고 생각한다. 시청자들에게 사랑받는 프로그램이 대부분 그렇듯이, 이 프로그램도 제목을 잘 지었다고 생각한다. 아빠와 아이가 늘 어디론가 여행을 떠나는 프로그램이기 때문에, 새로운 여행지가 기다리고 있다는 기대감에 "아빠 (우리) 어디 가?" 하며 아이가 질문하는 것을 제목으로 삼은 것 같다. 하지만 한편으로는, 대한민국 아빠들이 얼마나 아이와 놀러 다니지 않으면 이런 제목을 지었고, 그 제목이 이렇게 화제가 되고 사람들 입에 오르내릴까 하는 생각에 씁쓸하기만 하다.

실제 아이를 양육하는 아빠 입장에서 아이와 매주 여행을 떠나기란 현실적으로 무리가 따른다. 오히려 육아하는 일상에서 "아빠! 어디 가?"라는 말이 나올 법한 상황은 '아빠 혼자 어디에 가려 할 경우'일 가능성이 더 크다. 이때 아이의 이 질문이 단순히 아빠가 어디에 가는지 궁금해서 하는 질문이라면 관계없지만, 아빠가 자기만 남겨두고 어디론가 가려 할 때 아이가 불안해서 하는 말이라면 조금 문제가 있다.

아이의 분리 불안

이렇듯 아이가 양육자와 떨어지는 상황에서 보이는 불안을 '분리 불안'이라고 한다. 분리 불안은 보통 양육자로부터 떨어져 나와 혼자 기어다니기 시작하는 10개월 정도에 시작하고 18개월 이후 점차 해결된다(간혹 늦게까지 지속되는 경우도 있는데, 유치원이나 초등학교에 입학하자마자 과도한 고통이나 공포로 등교를 거부하는 것 등이 분리 불안 장애에 해당한다).

이 시기에 아이는 부모와 분리하는 법을 배우는 중이기 때문에 새로운 세상의 탐색을 위해 끊임없이 돌아다니면서도 불안해서 자주 뒤를 돌아봐 부모의 존재를 확인하고 안심하곤 한다.

우리 딸 은재도 분리 불안이 한창이던 때가 있었다. 분리 불안이라는 말처럼 잠시도 주양육자인 나와 떨어지고 싶지 않아 했다. 웬만한 다른 일은 모두 은재를 안거나 바로 옆에 둔 채 할 수 있었지만, 딱 한 가지 은재와 함께 할 수 없는 일이 있었는데, 바로 화장실에서 볼일 보는 것이었다. 심지어 화장실 문 앞에 보행기를 두고, 은재를 잠시 태운 채 눈을 마주치고 끊임없이 대화하며 볼일을 보기도 했다. 분리 불안 시기에 아이를 전담해서 양육해본 경험이 있는 사람들은 격하게 공감할 것이다.

충분히 좋은 아빠

그렇다면 아이가 이러한 분리 불안 시기를 잘 이겨내고 엄마나 아빠로부터 멀리 떨어져 주변을 탐색할 수 있게 도와주려면 어떻게 해야 할까?

'충분히 좋은 엄마Good Enough Mother'라는 정신분석 용어에서 그 해답을 찾아볼 수 있다. '충분히 좋은 엄마'란 아이에게 가장 큰 편안함을 주는 엄마를 뜻하는데, 위니캇Winnicott이란 정신분석가가 처음으로 주장했다. 아이가 태어났을 때에는 매우 불안정한 상태인데, 이때 '충분히 좋은 엄마'가 안전한 환경Holding Environment을 제공해주면, 아이는 여러 가지 경험을 할 수 있게 된다. 엄마가 늘 옆에 있으면서 아이가 원할 때 아이가 원하는 것을 해주기 때문이다

이러한 '충분히 좋은 엄마'가 양육하면, 아이는 좌절을 견디는 힘이 강해진다. 아이가 세상을 탐색하다가 좌절하거나, 화가 날 때 엄마가 바로 충분히 지지해주기 때문이다. 즉 양육자의 양육 스타일이 아이가 스트레스에 반응하는 능력에 중요한 영향을 미친다는 이야기이다.

여러 가지 양육법에 대한 정보의 홍수 시대이지만, 가장 간단하면서 기본적인 것에 먼저 충실해야 한다. 즉 '충분히 좋은 엄마'가 되어 곁에 있어주기만 하면 아이는 심리적으로 건강하게 잘 자랄 수 있다. 반대로 엄마가 곁에서 안전한 환경을 제공해주지 않고 충분히 지지해주

지 않으면, 아이는 좌절, 분노 등 자신의 본능적인 감정을 마치 위험한 것처럼 받아들이게 되어 더욱 불안해진다. 그리고 이러한 '충분히 좋은 엄마'의 개념을 아빠에게 적용하는 것도 '충분히 좋은 시도'라고 생각한다.

아빠 어디 안 가!

나 또한 '충분히 좋은 아빠'가 되기 위해 항상 노력하고 있다. 이런 의미에서, 은재가 나중에 말을 잘하게 되었을 때 "아빠! 어디 가?"라고 묻는다면, "아빠 어디 안 가!"라고 대답해주고 싶다. 은재가 자기만 두고 아빠 어디 가냐고 물어본다면, "너만 혼자 두고 어디 안 가고 늘 너의 곁에서 너의 필요를 채워주고 전적으로 너를 지지해주겠다"라며 안심시켜주고 싶다는 뜻이다.

가끔은 새로운 장소를 찾아 아이와 함께 놀러 가려고 노력하는 것도 중요하지만, 그것보다 더 중요한 것은 평소에 "아빠 어디 안 가"라고 말하며 늘 너의 곁에 있겠다고 아이를 안심시키는 것이라고 생각한다.

분리 불안에 대한 이런저런 궁금증

:: 일하는 아빠도 충분히 좋은 아빠가 될 수 있을까?

당연하다. 충분히 좋은 엄마의 핵심은 늘 아이와 붙어 있는 것이 아니라, 아이 곁에 있을 때 편안하고 안전한 환경을 제공하며 충분히 지지해주는 것이다. 아이와 함께 있는 퇴근 후 또는 주말에 방문을 닫고 TV를 보거나 컴퓨터를 하기보다는 아이 옆에서 아이의 필요를 채워주려고 노력하고, 아이가 세상을 탐색하다가 좌절하거나 화가 날 때 아이 입장에서 생각해보고 바로바로 반응해주는 아빠가 되어 보자. 그것이 바로 아이에게 가장 큰 편안함을 주는 아빠, 즉 '충분히 좋은 아빠'가 되는 방법이다.

:: 엄마랑만 붙어있는 아이와 아빠가 친해지려면 어떻게 해야 할까?

아이가 반드시 부모의 한쪽과만 애착 관계를 형성하는 것은 아니다. 하지만 아이 입장에서 보며 양육자 간의 서열이 있다. 엄마가 육아를 한다면 1순위가 엄마인 것은 당연한 것이고, 2순위가 아빠가 되면 그나마 다행이다. 그런 상황에서 엄마와 아빠가 함께 있을 때 엄마를 선호하는 것은 당연한 이치이다. 그래서 엄마 없이 아빠 혼자 아이를 돌보는 시간이 중요하다. 처음엔 엄마와 함께 돌보다가 엄마가 빠지는 식으로 하고 그 시간을 10분, 20분, 30분, 1시간, 2시간 점진적으로 늘려가자. 엄마 없이 아빠와만 있는 것을 처음엔 거부해도 그 고비를 넘기면 된다. 결국 아쉬운 대로 아빠를 의지하게 되고 그러면서 친해진다. 꼭 기억하자. 아이는 누울 자리를 보고 다리를 뻗는다는 걸.

:: 아이와 어쩔 수 없이 떨어져야 하는 경우에 어떻게 해야 할까?

아이가 분리 불안이 한창일 때 복직을 해야 하거나, 전업 엄마의 경우에도 몇 시간 정도 아이를 맡겨야 하는 상황이 오곤 한다. 엄마와 떨어질 때 아이는 울기 마련인데, 그것이 마음 아프다고 아이가 다른 것에 집중해 있을 때 몰래 아이를 떠나는 방법은 좋지 않다. 그러한 행동이 반복되다 보면 아이 입장에서는 언제 또 엄마가 나를 떠날지 모른다는 조바심에 늘 초조하고 엄마가 곁에 있는지를 확인하는 데 에너지를 쏟게 되어 제대로 세상 탐색을 하지 못하기 때문이다.

그러므로 아이와 떨어질 때에는 아이에게 '빠이~빠이~'를 해주는 등 앞으로 아이에게 일어날 일을 예고하는 행동으로 엄마가 곧 간다는 것을 알려주어야 한다.

그리고 복직을 계획하고 있다면 갑자기 떨어지는 것보다는, 미리 계획을 세워 아이가 견딜 만한 정도로 조금씩 떨어져 있는 시간을 늘려가며 엄마 없이 지내는 연습을 시켜주는 것이 좋다.

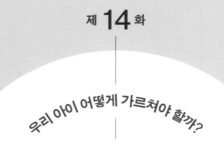

제 **14** 화

우리 아이 어떻게 가르쳐야 할까?

아이에게
가장 가까운 선생님은
바로 부모

은재가 태어난 지 360일째 되는 날

"이잉~ 이잉~~~!"

은재가 손을 내밀며 떼를 쓴다. 문자 보내느라 은재 몰래 휴대폰을 만지작거렸는데 귀신같이 그걸 알아채고 휴대폰 달라는 것.

은재도 다른 아이들과 마찬가지로 휴대폰을 참 좋아한다. 처음 만나는 사람도 휴대폰을 미끼로 삼으면 은재에게 쉽게 접근할 수 있을 정도이다.

지금까진 그저 휴대폰을 만지작거리기만 하는 줄 알았는데, 얼마 전부터는 휴대폰을 한쪽 귀에 대기도 한다.

'설마, 전화 통화하는 흉내를 내는 것일까?'

이렇게 의심하는 순간 혼자 뭐라고 중얼거리기 시작한다. 보고 있으니 참 신기하기도 하고 귀엽기도 하다. 그런데 문득 불안감이 엄습해왔다.

평소 내가 통화를 많이 하지 않는데도 따라 하는 걸 보면, 은재가 내 일거수일투족을 관찰하고 있다는 생각이 들었기 때문이다. 덕분에 혹시 못 고친 나쁜 습관은 없는지 나 자신을 차근차근 돌아보게 되었다.

'음, 턱수염 뜯는 못된 습관 먼저 고쳐야겠다!'

양육할 때 기본 중의 기본, 애착

아이가 애착 행동을 하는 이유는 돌봄, 지지, 위안을 얻기 위함이고 궁극적으로는 안정감을 얻기 위해서이다. 또 애착에는 서열이 있을 뿐, 꼭 한 명과만 가능한 것은 아니다. 그런데 많은 부모들은 아이가 오직 한 사람과만 애착을 형성할 수 있다고 오해하곤 한다. 그래서인지 이미 아이가 엄마와 애착이 잘 형성되어 있으니 나는 굳이 노력할 필요가 없다는 식으로 아이에 대한 무관심을 합리화하는 아빠도 종종 있다.

그러나 아이가 부모와 적절한 애착이 없다면, 부모의 어떠한 말과 행동도 아이에게 영향력을 미칠 수 없다. 제대로 된 애착을 위해서는 아이의 욕구에 대한 민감한 반응과 아이와의 상호작용이 가장 중요하다. 아빠의 경우 뒤늦게라도 적극적으로 육아를 하고자 결심했다면, 양육에 있어서 가장 기본이 애착이라는 점을 기억하고 다른 무엇보다도 먼저 온전한 애착 관계를 맺도록 노력해야 한다.

아이는 부모를 보고 자란다

'아이는 부모의 뒷모습을 보고 자란다'는 말이 있다. 아이는 말로 가르치는 부모의 앞모습을 보고 배우는 것이 아니라 부모가 직접 행동으로 보여주는 뒷모습을 은연중에 보고 배운다는 뜻이다.

아이들은 항상 부모의 행동과 삶의 태도를 면밀히 관찰할 뿐 아니라, 그것을 스펀지처럼 자기 것으로 흡수해버린다. 말을 전혀 하지 못하는 어린아이도 부모의 행동을 하나씩 보고 따라 한다는 점을 생각하면, 말보다 행동이 훨씬 중요하다는 것을 쉽게 알 수 있다.

특히 말보다 행동이 훨씬 중요한 것이 있는데, 바로 삶에 대한 가치관이다. 최근 아이들이 가치관 부재의 시대에 살고 있는 것은 어쩌면 사회적인 문제라기보다는 개개인의 부모가 삶의 태도에 대해 묵묵히 본을 보이지 않고 지나치게 가르치려고만 하기 때문일지도 모른다. 도덕, 예의, 대인 관계, 성에 대한 가치관 등은 가르친다고 해서 배울 수 있는 것이 아니다. 자라면서 부모의 일거수일투족을 보고 자연스럽게 따라 하던 것이 점차 몸에 배는 것이다.

권위 있는 것과 권위주의적인 것은 다르다

아이를 가르칠 때에는 보통 통제를 목적으로 하는 경우가 많다. 아이를 얼마나 통제하느냐 그리고 얼마나 배려하느냐에 따라 양육 패턴을 권위 있는 부모, 권위주의적인 부모, 허용적인 부모, 무관심한 부모 등 네 가지로 나누곤 한다.

어느 정도 육아에 힘쓰는 부모라면 무조건 들어주거나 무관심하게 방치하지 않기 때문에 허용적인 부모와 무관심한 부모를 제외한 나머지 두 가지 경우를 주의해서 살펴볼 필요가 있다. 언뜻 비슷한 말 같아 보이지만, '권위 있는 것'과 '권위주의적인 것'은 전혀 다르다.

권위주의적인 부모는 쉽게 말해 권력 지향적이어서 아이에게 복종에 대한 기대는 많지만 배려가 부족해 처벌적이기 쉽다. 이러한 부모 밑에서 자란 아이들은 심리적 갈등을 많이 경험한다. 진정한 권위는 그에 합당한 배려심도 갖추어야 하는 것이고 그렇지 않으면 독재자와 다를 것이 없기 때문이다. 부모는 아이가 상대적으로 부모보다 무조건 약자라는 상황을 이용해서 은연중에 독재자로 군림하고 있는 것은 아닌지 늘 스스로 주의해야 한다.

반면 권위 있는 부모는 아이의 복종을 기대하더라도 먼저 배려하고 존중해준다. 그렇기 때문에 애써 권위를 내세우지 않아도 아이들이 그의 가르침을 따르므로 자연스럽게 권위가 만들어지는 것이다. 이러한 부모 밑에서 자란 아이들은 자기 통제력, 자기 신뢰도, 사회성이 높은 특징이 있다. 아이를 배려하면서 적절히 통제하는 권위 있는 부모가 되어보자.

가르치는 것은 마지막에

바람직한 양육을 위해서는 지금까지 말한 애착, 본보이기(모델링), 훈육의 균형을 잘 잡아야 한다. 아이를 키우는 부모 중에 마치 훈육이 육아의 전부라고 오해하는 경우가 꽤 많다. 하지만 애착 형성과 모델링이 잘 이루어지기만 하면 특별히 통제를 가르치지 않아도 스스로 절제할 줄 아는 아이로 자랄 수 있다.

제대로 가르치지 않아서 버릇없는 아이가 될까, 또는 가정교육을 제대로 못 받았다는 이야기를 들을까 봐 걱정되는 사람이 있다면 '아이의 버릇은 주입식 훈육으로 만들어지는 것이 아니라 인격적으로 성숙한 부모와의 애착 관계를 통해 자연스럽게 보고 자라며 만들어진다'는 점을 꼭 기억해두자.

양육에 있어서 애착 형성과 모델링이 우선이고 훈육은 가장 마지막에 고려해볼 단계이다.

애착을 안정적으로 형성하려면?

애착 형성의 3요소는 민감성, 반응성, 일관성(지속성)이다. 민감하게 아이의 마음을 헤아리려 노력하고, 헤아렸으면 적절하게 반응해주는 부모 역할을 같은 자리에서 지속하는 것이다. 그래야 사람에 대한 신뢰가 생기고 이 세상에 대한 편안한 마음이 생긴다. 하지만 말이 쉽지, 어려울 때가 많다. 부모도 신체적, 심리적 한계를 지닌 사람이기 때문이다. 그래서 애착에 대해 머리로 아는 것보다 더 중요한 것은 부모 자신의 신체적, 심리적 관리이다.

한 예로, 스트레스를 많이 받거나 신체적으로 지친 상황에서는 집중력이 약해져서 아이가 떼를 쓸 때 아이가 왜 그러는지 이해도 잘 안된다. 아이의 마음을 오해해서 엉뚱하게 반응하면 아이의 떼는 더 심해지게 된다. 반면, 몸과 마음이 편안할 때에는 집중할 수 있기 때문에 아이의 마음을 더 잘 헤아릴 수 있고, 여유로운 마음으로 적절하게 반응할 수 있으며, 부모 역할도 감정 기복에 따라 하지 않고 일관되게 할 수 있다. 아빠도 엄마도 한계를 지닌 사람이라는 사실을 기억하고, 부부가 서로의 신체적, 심리적 상태를 돌봐주는 것이야말로 안정적인 애착 형성의 지름길이다.

제 **15** 화

아이가 떼쟁이가 됐다면?

지피지기면
백전백승,
떼쓰는 아이
완벽 대처법

은재가 태어난 지 409일째 되는 날

돌이 지나면서 은재가 걷기 시작했다.

걷는 재미가 생겨서인지 바퀴 달린 물건은 죄다 밀고 다닌다. 아니, 이제는 바퀴 안 달린 물건도 다 밀려고 든다.

그러다가 장애물에 걸려 멈추면 떼쓰고 난리가 난다. 장애물을 치워주면 언제 그랬냐는 듯이 방실방실 웃으며 또 걷는다.

두 살배기가 이렇게 감정 기복이 심하다니……. 마치 사춘기 소녀처럼 보인다. 우리 친정엄마(?)는 한술 더 떠 은재를 보더니 사춘기가 아니라 갱년기 같다고 한다. 요즘 들어 밤에 잠도 안 자는 게 갱년기랑 똑같다고.

어쨌든 우리 순둥이 은재가 최근 떼쟁이로 탈바꿈한 것은 분명하다.

웬만한 것은 은재 하고 싶은 대로 다 해주려고 노력하지만, 위험한 행동을 하려 해서 막으면, 뒤도 안 돌아보고 바닥에 누워버린다. 그동안은 누울 자리를 보고 다리를 뻗었는데, 이젠 머리가 깨지든 말든 막무가내이다. 은재의 돌발행동을 미처 막지 못해서 머리를 땅에 박은 적도 많다.

'은재야, 이게 다 네가 정상적으로 잘 발달하고 있는 증거라는 걸 이 아빠는 다 안단다. 근데 그거 아니 은재야? 아빠도 사람인지라 알아도 종종 욱하는 건 어쩔 수가 없구나.'

떼 안 쓰는 아이?

아이가 돌이 지나면서 떼쟁이로 탈바꿈하는 현상 때문에 당황하는 부모들이 적지 않다. 아이의 활동 폭이 넓어져 가뜩이나 힘들어졌는데 순하던 아이가 떼쓰기까지 하니 그야말로 설상가상인 것이다.

그런데 과연 떼를 안 쓰는 아이도 있을까? 혹시 두 돌이 넘었는데도 '우리 아이는 떼를 한 번도 쓴 적이 없다'라고 자신 있게 말하는 사람이 있다면, 진지하게 전문가와의 상담을 권하고 싶다. 떼를 쓴다는 것은 자아형성 중에 나오는 자연스러운 현상, 즉 정상 발달 과정이기 때문이다.

신체 기능이 발달하면서 내 마음대로 할 수 있는 것들이 늘어나 한참 신이 나 있는 상황에서, 부모가 그것을 막으니 좌절과 동시에 분노가 일어나는 것이다. 하지만 아이는 아직 왜 안 되는 것인지 이해할 만큼, 그리고 분노를 참으며 감정 조절을 할 수 있을 만큼 뇌가 발달하지 못했다. 그래서 분노를 조절하지 못하고 그대로 표출하는 현상이 바로 떼를 쓰는 것이다.

지피! 아이에 대해 제대로 알자

'지피지기면 백전백승'이라는 말이 있듯이, 아이에 대해 알고 부모 스스로에 대해 알면 아이가 떼를 쓸 때 바람직하게 대처할 수 있다. '이럴 때에는 이렇게 해야 한다'는 식으로 일일이 외울 것이 아니라 근본을 제대로 이해하면 자연스럽게 대처할 수 있다.

아이의 입장을 먼저 살펴보면, 이 세상은 신기한 것들로 가득하기 때문에 무료함은 그만큼 더 견디기가 어렵다. 그래서 늘 이것저것 만지고 빨며 새로운 자극을 추구하는 것이다. 어른도 무료함을 느끼면 뇌에서 스트레스로 여기기 때문에 운전을 할 때 음악을 듣거나 군것질을 하지 않으면 버티기 힘들다. 그러니 아이들은 오죽할까. 이러한 무료함을 달래고 세상을 탐험하다가 부모에 의해 저지되었을 때 떼를 쓰는 것이다.

또한 '싫어'라는 의사 표현을 행동으로 하는 것이 부모 입장에서는 떼쓰기로 여겨지기도 한다. '싫어'라는 말은 일단 부정적으로 느껴지지만, 좋게 생각하면 아이가 주도적인 입장에서 독립선언을 하는 것으로 볼 수 있다. '싫어'라고 말한 후에는 나름의 대안을 제시해야 하는 것이고, 그만큼 아이 스스로 행동에 책임질 기회가 생기는 것이기 때문이다.

지기! 자신은 어떤 부모인지 생각해보자

다음으로 부모의 입장을 살펴보자. 과연 부모는 떼쓰는 아이와의 기 싸움에서 이겨야 할까 져야 할까? 이런 기 싸움은 시작조차 하지 않는 것이 가장 바람직하다. 애초에 싸움이라는 것은 대등한 상대끼리 이루어지는 것이기 때문에 부모와 아이 사이에는 싸움 자체가 성립될 수 없다. 막연한 표현이지만, 부모는 한 수 위에서 여유롭게 대처해야 한다.

그런데 부모가 아이와의 기 싸움을 은연중에 즐기진 않는지 생각해볼 필요가 있다. 어린 시절 형제나 친구와의 경쟁에서 패배자가 되었던 것을 아이와의 경쟁 구도에서 승리자가 되는 것으로 보상받고 싶은 마음이 한쪽 깊숙이 자리 잡고 있는 것은 아닌지 살펴봐야 한다. 그러한 해결되지 않은 경쟁심은 결국 아이에 대한 과도한 요구로 이어지게 된다.

또한 나의 꿈을 이루지 못해 무의식적으로 아이를 통해 그 꿈을 이루려 할 때, 아이마저 그 꿈을 이루지 못하게 되어 소위 '두 번 죽는다면' 그 좌절감은 더욱 견디기 힘들 것이다. 그래서 부모는 늘 불안하고 이를 사전에 방지하기 위해 예민해지게 된다. 그 예민함은 떼쓰는 아이에 대한 미성숙한 대처로 이어지고, 그것은 떼쓰기를 악화시키는 요인이 되어 결국 악순환이 이어지는 것이다.

백전백승! 평안한 마음을 유지하자

지피지기를 했으니 이제 백전백승할 일만 남았다. 아이의 마음과 부모 스스로의 마음을 이해했다면 균형 잡힌 양쪽 모두의 관점에서 각각 공감해주면 된다.

아이의 무료함과 독립선언의 욕구를 이해하면 아이의 좌절감과 분노를 공감해줄 수 있다. 두 돌에서 세 돌 정도가 떼쓰기의 정점이고, 이후로는 뇌가 점점 발달해 감정을 조절할 수 있게 되고 세상의 이치를 조금씩 깨닫게 되면서 대부분 떼쓰기가 줄어든다. 그러므로 아이가 떼쓰는 것은 지극히 정상이고 이 시기가 지나면 줄어들 것이라는 믿음을 가지고 먼저 아이의 좌절감과 분노를 공감해주자. 아이는 공감 받는 느낌을 충분히 받으며 자라게 되고, 부모는 떼쓰는 아이를 대하는 마음이 한결 여유로워질 것이다.

또한 부모 스스로 가지고 있을지 모를, 경쟁의 승리자가 되어 보상받고 싶은 욕구나 아이를 통해 못 이룬 꿈을 이루고 싶은 무의식적 소망까지 이해한다면 이를 공감함으로써 스스로 위로받게 되어 떼쓰는 아이에 대한 지나친 불안감을 줄일 수 있다.

마음의 평안이야말로 진정한 승리이다.

떼쓰는 아이 때문에 욱하고 화가 치밀 때

아이를 키우다 보면 욱하고 화가 치밀어 오를 때가 자주 있다. 대부분의 엄마들이, 그리고 육아하는 아빠들이 공통적으로 경험하는 감정이다. 마인드 컨트롤하려고 노력을 하다가 실패하면서 더 큰 좌절감을 맛보기도 한다. 그럼 어떻게 해야 할까? 정신과 의사로 살면서 깨달은 게 하나 있다. 마인드 컨트롤은 마인드로 하는 게 아니고, 피지컬로 하는 것이다. 의지로 감정을 조절하는 게 아니라 심리적으로 건강한 상태에서 감정 조절이 자연스럽게 되는 것이다. 그리고 심리적 건강과 가장 밀접한 생활습관 두 가지는 수면과 식사이다.

요즘 특히 욱하고 화가 치민다면 잠을 지나치게 못 자고 있는 것은 아닌지, 식사를 지나치게 불규칙하게 하고 있는 것은 아닌지 먼저 체크해보고 그것부터 챙겨보자. 보통 감정 조절이 안 된다고 상담을 오는 분들에게 나는 이 두 가지를 먼저 체크하고 그것부터 관리하도록 한다. 며칠만 신경 써도 감정 조절이 수월해지는 분들이 많다.

제 16 화

아이에게 어떤 경험을 시켜주면 좋을까?

하드웨어를
업그레이드해주는
경험에 집중하자

은재가 태어난 지 412일째 되는 날

은재는 정말 호기심이 많은 것 같다. 매일 보는 유모차의 벨트도 마치 처음 보듯이 신기한 듯 만지작거린다. 우리 예쁜 딸이 뭘 하고 있는 건가 유심히 보았더니, 벨트를 스스로 끼워보려고 전전긍긍하고 있었다. 방향이 전혀 맞지 않는데도 삽질을 계속하고 있기에 도와주고 싶은 마음에 방향을 바로잡아줬더니, 되레 "이잉~" 하고 소리를 지르며 짜증을 냈다.

그래도 계속 헤매고 있기에 이렇게 해야 끼울 수 있다는 것을 알려주려고 직접 끼워주며 "우와~" 하면서 음성 지원까지 해주었다. 난 은재가 박수를 치며 좋아할 줄 알았다.

근데 웬걸? 이번에는 "으앙~~" 하고 더 크게 울고 떼를 쓴다.

'은재야, 대체 아빠보고 어쩌라고!'

그래서 며칠 전부터는 그냥 하고 싶은 대로 하게 됐다.

그렇게 며칠을 은재 혼자 끙끙대더니, 드디어 오늘 "딸깍" 소리가 났다.

설마 하며 가보니 벨트를 스스로 끼운 것이었다.

'헉! 은재의 뇌가 업그레이드되었다!'

이러다 우리 은재 천재가 되면 어쩌지? 등골이 오싹해졌다.

앞으로도 좀 헤매더라도 스스로 탐색하게 해줘야겠다는 다짐을 했다.

하드웨어 vs 소프트웨어

우리는 모두 급속도로 발전하고 있는 IT시대에 살고 있다. 컴퓨터 프로그램은 물론이거니와 스마트폰 애플리케이션도 사용자의 편의를 위해 꾸준히 업그레이드되면서 점차 '무거워지고' 있다. 그것을 무리 없이 구동하기 위해 컴퓨터와 스마트폰 등의 정보 처리 속도와 저장 공간 등 하드웨어 역시 꾸준히 업그레이드시켜야 한다.

인간을 기계와 비교하는 것 자체가 무리일 수 있지만, 워낙 신비하고 복잡하기 때문에 잘 와 닿지 않는 뇌를 이해하기 위해서 하드웨어와 소프트웨어의 개념으로 생각해보면 조금은 쉽다.

안타깝게도 인간은 각자 다른 성능의 하드웨어를 가지고 태어나는데, 더욱 안타까운 것은 업그레이드가 가능한 기간이 한정되어 있다는 점이다. 하드웨어 업그레이드는 만 2~3세까지 매우 활발하고, 길어야 만 6세까지이며 그 이후에는 소프트웨어 업그레이드만 가능할 뿐이다. 어른들이 흔히 이야기하는 '머리를 많이 쓰면 그만큼 좋아진다'는 말은 소프트웨어 업그레이드를 말하는 경우이다.

하드웨어 업그레이드의 지름길: 길 닦기

그러므로 하드웨어 업그레이드가 가능한 시기인 만 3세까지는 소프트웨어보다 하드웨어 업그레이드를 충실히 시키는 것이 최선이다. 뇌라는 복잡한 하드웨어를 이해하기 위해서는 '길'과 비교하여 이해하면 조금 쉽다.

차가 다니는 길이 아니거나 비포장도로에서는 제아무리 성능 좋은 슈퍼카도 제대로 굴러갈 수 없고 길이 잘 깔려 있어야 차가 제 성능을 발휘할 수 있다. 머리가 큰 사람이라고 꼭 머리가 좋은 것이 아닌 것은, 뇌의 기능이 그 크기보다는 뇌 세포 간에 연결망이 얼마나 치밀한지에 달렸기 때문이다. 뇌의 세포 간에는 수많은 신호가 전달되는 세포 간 연결망인 '길'이 있는데, 이 '길'은 만 2~3세까지는 폭발적으로 깔리고 6세 이후에는 아무리 노력을 해도 새로 깔 수가 없다. 이 '길'은 아이가 다양한 것을 보고, 만지고, 듣고, 느끼는 등의 경험을 통해 만들어지는데, 이 기간이 지나면 나중에 아무리 많은 경험을 해도 '길'이 새로 생기지는 않는다.

뇌 발달의 연료: 경험

그렇다면 어떻게 해야 뇌 세포 간의 연결망인 '길'을 촘촘하게 깔 수 있을까?

한 실험에서 출생 직후부터 장난감 하나 없는 조용한 곳에서 기른 쥐와, 다양한 장난감과 소리 등 풍성한 환경에서 기른 쥐를 비교해봤다. 두 집단의 뇌 조직 검사 결과를 보니, 풍요로운 환경에서 자극을 많이 받은 쥐 집단이 25퍼센트나 더 많은 뇌 세포 간 연결이 있었고, 미로를 찾는 등의 문제 해결 능력도 뛰어났다. 즉 풍부한 환경에서 다양한 경험을 하는 것이 아이가 뇌에 '길'을 촘촘하게 까는 방법인 것인데, 특히 하드웨어 업그레이드에 직결되는 생후 2~3년까지의 경험이 중요하다.

반대로 이 시기에 아이를 하루 종일 따분하게 두는 것은 뇌 발달을 지체시키는 지름길이다. 물론 모든 경험이 유익한 것은 아니고, 부정적인 경험은 오히려 뇌 발달에 악영향을 미친다. 오랫동안 부정적인 경험에 노출된 아이들은 그렇지 않은 아이들보다 '길' 수가 적다는 보고가 있다.

패키지여행 vs 자유여행

아이에게 어떠한 경험을 시켜주는 것이 좋을까?

오감을 적절하게 자극해주는 경험이 좋은데, 책 등의 간접 경험보다는 직접 체험하는 경험이 좋다. 예를 들어 다양한 동물 그림의 책을 보여주는 것보다는 직접 동물원에 가서 동물들을 보여주는 것이 좋다. 이때 중요한 점이 하나 있는데 부모의 관여를 최소화하는 것이 바람직하다.

흔히 저지르는 실수가 동물원에 데려가서 이것도 보여주고 저것도 보여주고 싶다는 욕심에 부모가 동물 탐색의 주체가 되어버린다는 점이다. 그러다 보면 아이는 탐색의 주도성을 잃게 되고 이러한 일이 반복되면 좌절감까지 느끼곤 한다. 게다가 이런 수동적 탐색이 반복되다 보면 결국 수동적 학습 패턴을 가지게 될 수 있다.

이것은 조기 교육의 문제점이기도 하다. 어른의 입장에서는 당연해 보이는 세상의 풍경들도 아이들 입장에서는 마치 해외여행을 하는 것처럼 신기할 것이다. 나는 주입식으로 다양한 여행지를 둘러보는 패키지여행보다는 시간 효율이 좋지 않더라도 내가 보고 싶은 것을 충분히 볼 수 있는 자유여행을 선호한다.

자, 이제 우리 아이에게 패키지여행을 시켜줄 것인가, 자유여행을 하게 할 것인가를 결정하자.

직접 경험이 어려울 때,
간접 경험의 효과를 극대화할 수 있는 방법

:: 장난감 아닌 것을 가지고 놀더라도 인정해주자

역설적이지만 아이들은 장난감을 제외한 모든 물건에 흥미를 느낀다. 리모컨, 휴대폰, 서랍, 화장품 등 아이의 흥미를 끄는 물건들이 집 안에 수없이 많다. 부모의 입장에서는 큰맘 먹고 구입한 아이용 장난감에는 관심이 없고, 집에 있는 물건에 관심을 가지는 것이 못마땅하여 장난감을 아이 눈앞에 대고 흔들기도 한다. 하지만 아이도 장난감은 실제 물건이 아닌 '짜가'라는 것을 알게 되는 경우가 많다. 멋진 장난감 휴대폰을 사줘도 엄마 휴대폰만 고집하는 것이 그 증거이다. 집 안에 널려 있는 '짜가'가 아닌 실제 물건들에 관심을 가지는 것은 어찌 보면 당연한 것이다. 그러므로 그것이 위험한 것이 아니라면, 마음껏 누리게 해주자. 장난감 블록을 끼우는 것보다 유모차 벨트를 끼우는 것이 훨씬 고차원적이며 실질적인 놀이이다.

:: 책 읽기도 직접 경험이 될 수 있다

책 읽는 것이 반드시 간접 경험만 되는 것은 아니다. 책에 있는 돼지 그림을 보고 그것을 '돼지'라고 읽는 것이 전부가 아니라는 말이다. 책을 손에 잡으며 느끼는 촉감, 책에서 나는 종이 냄새, 다양한 선과 색상 등은 모두 직접 경험하는 것들이다. 아이에게는 책이 단순한 책에 그치지 않고 하나의 장난감이 되는 것이다.

그러므로 아이 스스로 책장을 넘기려 할 때에는 두 쪽씩 넘기거나 심지어 한 번에 책을 덮어버리더라도 긍정적인 피드백을 해주자. 다음 페이지를 읽어주어야 하는데, 아이가 이전 페이지로 넘긴다면 그 페이지를 다시 읽어주자. 아이는 부모가 미처 보지 못한 구석의 그림을 보기도 하고 자기 마음대로 상상하는 것을 좋아하기도 한다. 강박적으로 다음 페이지로 넘기려 하는 스스로의 모습을 발견한다면, 이 행동이 누구를 위함인지 잘 따져보자. 억지로 완독시키는 것보다 책에 흥미를 가지게 하는 것이 훨씬 중요하다는 것을 기억해야 한다.

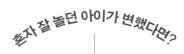

은재가 태어난 지 477일째 되는 날

아는 누나에게서 전화가 왔다.

"우리 딸이 있잖아. 원래 밤에 혼자도 잘 잤거든. 그런데 요즘 갑자기 밤에 자다 깨서 내 방으로 찾아와. 갑자기 왜 이러는 걸까? 어쩌니, 걱정이야."

누나는 인터넷 육아 카페에 질문해보니 이럴 경우에는 방문을 잠가버려야 혼자 자는 습관이 잘 정착된다고 했다며, 그건 너무 잔인한 것 아니냐며 걱정스러운 목소리로 물었다. 나는 최근 변화된 환경이 있는지 물었다. 하지만 별다른 게 없다고 했다.

'왜 그런 걸까?' 하고 고민하며 누나의 딸이 지금 몇 개월인지 따져보니, 18개월이다.

'아~~~.'

갑자기 모든 게 이해되었다.

나는 누나에게 말러의 분리-개별화 단계 중 재접근기를 간단히 설명해주며, 그 시기는 원래 혼란스러운 시기이므로 아이에게 신뢰감을 주도록 하고, 웬만한 요구는 다 들어주라고 이야기해줬다.

누나는 지금까지 주위의 수많은 엄마들에게 물어봤지만, 내가 해준 말이 가장 큰 도움이 되었다며 좋아했다.

나는 속으로 생각했다.

'에이, 이 육아빠를 뭘로 보고······.'

통화를 엿듣던 은재 엄마가 휴대폰에 대고 누나에게 한마디 했다.

"우리 남편 짱 멋지지?"

팔불출 은재 엄마 때문에 민망한 상황이었는데, 센스 있는 누나의 대답에 나는 빵 터지고 말았다.

"그 멋진 남편 누가 소개해줬지?"

아, 맞다. 누나는 은재 엄마를 내게 소개해준 은인이었다.

"누···누나, 그래 고마워. 언제든 아이 문제로 고민인 거 있음 연락해! 고마워, 누나."

방금 전까지 육아빠를 뭘로 보냐며 속으로 '자뻑'하고 당당했던 내가, 급꼬리를 내리고 전화를 끊었다.

돌 지나면 강심장이 된다?

돌 무렵이 되면 많은 아이들이 걷기 시작한다. 동시에 아이 입장에서는 기어 다닐 때와는 감히 비교할 수 없을 정도로 새로운 세상이 펼쳐진다. 호기심을 자극하는 곳을 향해 빠른 속도로 돌진할 수 있고, 아주 찰나이긴 하지만 부모의 곁을 벗어날 수도 있기 때문이다.

입장 바꿔 생각해보면 아이는 이 시기에 매우 큰 해방감을 맛볼 것 같다. 그래서인지 어떻게든 부모를 벗어나고 손을 뿌리치며 자기가 가고 싶은 곳으로 걸어가려는, 심지어 뛰어가려는 모습을 보이곤 한다. 부모는 순간순간 아이의 안전이 걱정되지만, 전과 달리 가끔 만나는 친척이나 처음 보는 사람에게도 겁 없이 다가가는 강심장을 단 아이의 모습을 보면 많이 컸다는 생각에 뿌듯하기도 하다.

혼자 잘 놀던 아이가 갑자기 엄마 품으로?

하지만 이 시기의 아이는 아직 부모의 품을 온전히 떠난 상태가 아니다. 분명히 같은 상황인데도 '그때그때 달라요' 행동을 한다. 언제는 부모에게 매달리고 언제는 손을 뿌리치는, 말 그대로 변덕쟁이가 되는 것이다. 새로운 세상을 탐색하며 홀로 서고 싶은 마음과 아직은 부모에게 의존하고 싶은 마음이 공존하고 있기 때문이다.

아이도 스스로의 마음을 잘 모르기 때문에 일종의 확인 작업을 반복한다. 과연 내가 부모를 떠나 심리적으로 홀로서기를 할 수 있을지 없을지를 '그때그때 달라요' 행동을 통해 확인하는 것이다. 가끔은 독립을 바라고 불안함을 극복하며 혼자 버티기도 하지만, 때로는 부모의 전적인 보호를 받으며 안정감을 충분히 느끼고 싶어 한다. 아이는 이러한 상반된 행동을 반복한다.

말러의 분리-개별화 단계 중 재접근기

분리-개별화라는 단계로 엄마와 아이의 상호작용을 잘 설명한 대상관계 이론가 마거릿 말러Margaret Mahler는 생후 16~24개월인 이 시기를 '재접근기Rapproachement'라고 명명했다. 생후 10~15개월에 내가 가고 싶은 곳을 마음껏 다니며 탐색하고 '내가 최고야'라는 의기양양한 마음을 가지는 시기인 연습기Practicing를 거치는데, 그 이후에 찾아오는 의존과 독립이 공존하는 심리적 위기를 해결하기 위한 시기가 바로 재접근기인 것이다.

아이가 이 혼란과 위기의 시기를 잘 해결해야 다음 시기인 생후 24개월 이후의 대상 항상성 시기를 맞이할 수 있다. 대상 항상성이란 엄마가 당장 내 눈앞에 보이지 않더라도 엄마는 사라진 것이 아니라고 확신하는 것, 즉 진정한 심리적 독립을 이루는 것을 일컫는다. 그렇다면 아이가 재접근기를 잘 보내도록 도와주려면 어떻게 해야 할까?

여유를 가지고 충분히 수용해주자

재접근기에 대한 개념을 모르는 많은 부모들은, 아이가 재접근기에 보이는 행동에 당황하기 쉽다. 정상 발달 과정이라는 것을 모르면, 우리 아이에게 어떤 심리적인 문제가 있는 것은 아닌지 걱정하며 불필요한 죄책감을 가지거나, 반대로 "혼자 잘 놀던 애가 요즘 왜 이렇게 엄마를 꼼짝 못하게 해?"라며 아이를 비난하며 밀어내게 된다.

하지만 정상 발달 과정 중 혼란스러울 수밖에 없는 시기를 겪고 있는 아이의 마음을 이해한다면, 이 시기에 아이에게 가장 필요한 것을 제공해줄 수가 있다. 자율과 독립 사이에서 갈팡질팡하는 아이의 마음을 진정시켜주는 유일한 방법은 충분한 안정감을 제공해주는 것이다. 집안일을 하느라 바쁜 와중에도 그것을 잠시 미루고 아이가 요구하는 것을 해줄 수 있는 여유가 필요하다. 아이가 이유 없이 안아달라는 것 같더라도 아무런 조건 없이 안아주고, 손을 잡고 집 안을 왔다 갔다 하고 싶어 하면 손을 잡고 함께 가주면 된다. 이러한 과정을 통해 아이는 자연스럽게 부모의 존재에 대한 믿음을 마음속 깊이 품게 된다.

일하는 엄마, 아빠를 위한 특별한 조언

워킹맘의 경우 재접근기에 해당하는 아이의 행동 변화를 보며 괜한 죄책감을 느끼는 경우가 있다. 내가 일을 하느라 함께 있는 시간이 적어 아이가 애착이 제대로 형성되지 않아 이렇게 엄마에게 달라붙는 것이라고 오해하는 것이다.

하지만 애착 문제를 걱정하기 전에 정상 발달 과정을 먼저 이해해야 한다. 직장 때문에 함께 있어달라는 아이의 요구를 들어줄 수 없다 하더라도 죄책감을 가질 필요는 없다. 대신 아이와 함께하는 시간 동안에 집중해서 아이의 요구를 들어줌으로써 안정감을 가지게 하면 되는 것이다.

오히려 애착 문제를 걱정해야 하는 경우는, 하루 종일 아이와 붙어 있으면서도 아이의 요구를 무시하고 방치하는 경우이다.

첫째의 재접근기에 동생이 태어난다면?

연년생이나 두 살 터울인 경우, 첫째의 재접근기에 둘째가 태어나는 경우가 많다. 재접근기가 아니어도 동생이 태어나면 몇 개월간 퇴행 행동을 하고 심리적으로 불안정해지곤 하는데, 첫째가 재접근기라면 각별히 더 신경을 써야 한다. 임신기간 중에 그림책과 초음파 사진을 통해 동생의 존재에 대해 꾸준히 알려주자. 이 무렵 기관에 보내기 시작할 예정이라면, 쫓겨나는 느낌이 들지 않게 하기 위해 출산 전에 등원을 시작하는 게 좋다.

둘째가 태어난 후에는 자칫 첫째가 우선순위에서 밀릴 수 있는데, 둘째는 신체적으로 잘 돌봐야 하고, 정서적으로 신경을 많이 써줘야 하는 것은 오히려 첫째이다. 그동안 아빠가 양육에 소홀했었다면 둘째 탄생 전부터 첫째와 단둘이 있는 경험을 늘려가며 유대감을 잘 형성해 놓는 게 좋다. 그리고 부모 중 최소 한 명이라도 전적으로 첫째에 집중하는 시간을 매일 30분 이상 확보하자. 부모도 사람인지라, 첫째 앞에서 동생을 예뻐하는 마음을 숨기기는 참 어렵다. 그럴 땐 아기인 동생을 보니 첫째가 아기였던 기억이 많이 난다면서 그때도 예뻤고 지금도 예쁘다고 첫째에 대한 사랑 표현으로 연결시켜 보자. 첫째가 서서히 동생을 받아들이고 편안해지면, 비록 서툴러도 동생 케어와 관련된 아주 작은 부분이라도 첫째를 동참시키고 폭풍 칭찬을 해주자. 자기가 케어하다 보면 동생을 점점 사랑하게 되고, 부모의 신체적 부담도 조금은 줄어든다. 무엇보다도 첫째가 자발적으로 둘째를 챙기는 모습을 보는 기쁨은 부모의 전유물이다.

제 18 화

우리 아이는 왜 책과 다를까?

똑같은 아이도 없고,
똑같은 부모도 없다

은재가 태어난 지 423일째 되는 날

은재가 오늘 새벽 5시부터 일어나서 나를 깨웠다. 어제는 웬일인지 저녁 6시부터 잠이 들더니 다시 깨질 않아서 아침 일찍 깰까 봐 불안하긴 했었는데 아무리 그래도 그렇지, 이렇게 일찍 일어날 줄이야.

너무 졸려서 같이 뒹굴다 보면 또 잠들겠지 했는데, 신발장에 가더니 신발을 들고 왔다.

'이건 뭐지? 밖에 나가자고 시위하는 건가?'

할 수 없이 피곤함을 무릅쓰고 새벽부터 동네 놀이터에 나갔다. 한바탕 놀아주고 들어왔더니 다행히 조금 잠잠해졌다. 역시 은재는 지칠 줄 모르는 에너자이저이다. 그러고 보니 특별히 오랫동안 외출을 다녀오는 것이 아니라면 아침, 점심, 저녁 하루 세 번 이상 집 근처 산책이 기본이다.

걷고 또 걷는다. 걷다가 안아달라고 조르는 일도 거의 없다. 다리가 아프면 그 자리에 잠시 무릎을 굽히고 앉았다가 다시 일어나서 워킹 또 워킹.

'아, 도대체 은재의 이러한 끈기와 지구력은 어디서 나온 것일까? 아무래도 난 안 닮은 것 같은데.'

그래도 참 다행이다. 만약에 내가 은재의 행동 하나하나에 다치진 않을까 걱정이 많았더라면, 늘 어디론가 걸어가려는 은재를 맘 졸이며 지켜보는 나도 참 피곤했을 것 같다.

하지만 난 은재가 종종 걷다가 장애물에 걸리거나 발이 엉켜 넘어져도 그저 "괜찮아~ 일어~나!" 하고 말을 하고 툭툭 털어주면 그만이다. '아이가 걷다가 넘어질 수도 있는 거지 뭐' 하는 마음으로 말이다.

내가 강하게 키워서일까? 은재는 이제 넘어져도 내가 일어나라고 하기도 전에 이미 오뚝이처럼 일어나 걷는다.

도전을 좋아하는 은재와 쿨하게 육아하는 아빠인 나는 나름 찰떡궁합인 것 같다.

때론 아는 것이 병

아이 보느라 늘 정신없지만 우리 아이 잘 키워보겠다는 의지로 겨우 시간을 내어 육아 서적을 정독하고 열심히 따라 해봤는데, 책에 나온 대로 잘되지 않아 답답한 경험, 부모라면 누구나 한 번쯤은 해봤을 것이다.

혹시나 해서 다른 책을 구입해 읽어보고 그 책에 나온 대로도 해보았지만 결과는 역시 마찬가지일 때에는 더욱 절망스럽고 자괴감까지 들기도 한다. 내 탓으로 치부하기는 너무 괴로운 나머지, 책마다 똑같은 문제를 두고 반대로 해결법을 제시한다며 저자의 지식을 의심하기도 하고, 심지어 우리 아이는 유달리 까다롭다는 식으로 아이를 원망하기까지 한다.

대체 왜 이러한 일이 발생하는 것일까? 알아도 너무 많이 아는 것, 바로 그것이 이유일 것이다.

육아법의 홍수 시대,
획일화된 주입식 육아법

요즘은 그야말로 육아법의 홍수 시대이다. 육아 서적들이 수없이 쏟아져 나오고, 육아법과 관련된 기사도 쉽게 접할 수 있다. 그뿐인가, SNS를 타고 퍼져나가는 출처 불명의 육아 정보를 원치 않아도 자연스럽게 보게 되는 경우도 많다.

그런데 이러한 육아법의 홍수화는 종종 아이를 키우는 데 독이 되기도 한다. 많은 부모들이 경험을 통해 하나하나 깨달아가는 방식이 아니라, 먼저 책 등을 통해 주입식으로 배우고 나중에 아이에게 적용하는 것을 당연하게 여긴다. 그렇게 무분별하게 많은 정보를 먼저 얻다 보면 일관성도 없는 데다 융통성까지 없는 육아를 하게 될 가능성이 있다.

책에서 본 정보, SNS에서 본 정보대로 아이 문제가 해결되지 않으면 아이가 제대로 따라오지 못하는 것 같아 보이기도 하고, 때론 스스로 과연 육아를 제대로 하고 있는 것인지에 대해 불안감을 가지게 되기도 한다. 아는 것이 오히려 병이 된 것이다.

똑같은 아이는 한 명도 없다

지구상에 똑같은 아이는 단 한 명도 없다. 생김새뿐 아니라 성격, 행동방식 등 모두 마찬가지이다. 실제로 아이가 둘 이상 있는 부모라면, 똑같이 키워도 아이마다 그 반응이 매우 다르다는 것을 이미 경험했을 것이다.

통계에 의하면 40퍼센트는 잘 먹고 잘 자고 울다가 달래면 잘 그치는 순한 아이, 10퍼센트는 잘 안 먹고 잘 못 자고 달래기 어려운 예민한 아이의 기질을 가지고 태어난다고 한다. 기왕이면 우리 아이가 순한 아이이길 바라는 마음은 모든 부모가 마찬가지이겠지만, 일단 아이가 태어났다면 그 타고난 기질을 그대로 인정하고 받아들여야 한다. 예민한 우리 아이를 옆집의 순한 아이와 똑같이 키우려 하면 아이는 물론이거니와 부모도 힘이 들기 때문이다.

똑같은 부모 역시 한 명도 없다

이와 마찬가지로 똑같은 부모 역시 한 명도 없다. 그러니 부모와 아이의 조합, 그 경우의 수는 일일이 따질 수도 없을 만큼 다양할 것이다. 혹자는 임의로 부모와 자식 간의 유형을 몇 가지로 나누어 각각의

솔루션을 제시하고 그대로 적용하길 권유하기도 하지만, 세부적으로는 그대로 적용하기에 무리가 있기 때문에 근본적인 해결책이 되지는 못한다.

그래도 아이와 부모의 조합이 중요하다는 점을 이해하기 위해서는 한 번쯤 유형을 나누어 생각해보는 것이 의미가 있다. 예를 들어 기질적으로 불안감이 많은 엄마와 활동적인 성향으로 타고난 아이의 경우, 아이는 계속 이 세상을 탐험하려고 노력하고, 불안한 엄마는 아이가 다치진 않을까 우려되어 아이의 행동을 제한하게 된다. 이는 결국 아이와의 갈등으로 이어지고 또 다른 성향의 아빠까지 그 사이에 끼어들게 되면 문제가 더욱 심각해진다.

지금부터 육아 서적을 참고하기 전에 이 점을 꼭 기억하자. 부모도 다양하고 아이도 다양하고, 그 조합은 더욱 다양하다. 이를 먼저 인정한 후 육아에 임하면 여유와 융통성을 가지고 아이를 키울 수 있을 것이다.

아이의 성향이 견디기 힘들다면?

아이가 자랄수록 성향이 점점 드러나게 된다. 또한 그 성향을 바라보는 부모의 태도도 드러나게 된다. 모든 성향에는 우열이 있지 않다는 것을 머리로는 알아도, 우리 아이의 어떤 면을 볼 때마다 예민하게 반응할 수 있다. 은연중에 또는 심지어 강압적으로 아이가 특정 성향에 맞는 행동을 하도록 강요하게 되기도 한다. 이후엔 자책하지만 또다시 반복되곤 한다. 부모로 살다 보면 이런 경험을 자주 하게 되는데, 이것이 육아가 힘든 주요한 이유이다.

아이가 보이는 어떤 성향에 대해 지나치게 긍정적으로 또는 부정적으로 여겨진다면, 그런 면을 마주할 때 이성적으로 행동이 되지 않는 순간을 발견한다면 꼭 한 번 이렇게 생각해보자. '혹시, 내 무의식 안에 꼭꼭 숨겨둔 나의 억압된 성향은 아닐까?'

분석심리학에서는 이를 '그림자'라고 한다. 아이를 키우다 보면 자신의 그림자를 마주하게 된다. 그럴 때마다 심리적 갈등이 일어나고 그저 피하고 싶어지지만, '아이와 나는 성격이 안 맞는다'라고 단정하지 말고 내가 사랑하고 신뢰하는 배우자와 그 부분을 이야기해보자. 이런 면은 배우자가 나보다 나를 더 잘 알 수 있다. 그 부분을 배우자에게 수용 받는 경험을 통해, 아이의 성향도 수용할 수 있게 된다.

제 **19** 화

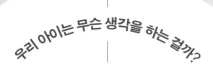

우리 아이는 무슨 생각을 하는 걸까?

아이가 보는
세상은 다르다

은재가 태어난 지 478일째 되는 날

오늘은 은재가 처음으로 스티커를 벽에 붙인 역사적인 날이다. 나의 도움 없이 스스로의 힘으로 첫 작품을 남긴 것이다. 지금까지 가끔 집에 굴러다니던 스티커를 팔등이나 허벅지에 붙여줘도 그걸 바로바로 떼어내기만 했었는데 오늘은 스티커를 손가락으로 앞뒷면 방향 전환까지 하며 끈끈한 면을 벽에 대고 손가락으로 눌러 붙였다.

'감동의 도가니~~~~.'

힘껏 박수를 쳐주니 자기도 즐거운지 셀프 박수를 친다. 나도 신이 나서 계속 붙여보라며 스티커를 하나씩 떼어 손에 쥐어 주었다.

"우리 은재 잘했다! 또 해봐! 또 해봐!"

그런데 엥? 내 예상과 전혀 다른 곳에 붙이네?

넓은 벽에 빈자리가 참 많은데, 아까 붙인 스티커 바로 옆도 아닌 바로 그 위에 또 붙이는 게 아닌가.

당황했지만 일단 웃으며 또 힘껏 박수를 쳐주었다. 나는 혹시 은재가 손놀림이 정교하지 못해서 원하지 않은 곳에 붙인 것은 아닐까 하고 하나 더 쥐어 줬지만 또 그 위에 붙였다.

"은재야, 스티커 위에 붙이면 뭔가 좀 어색하지 않니? 쉽게 떨어져버릴 것 같다는 생각은 전혀 안 드는 거니?"

이런 말을 아무리 해도 은재는 또 그 위에 붙이고 또 그 위에 붙였다. 그래도 역사적인 첫 작품이니 사진을 찍어 블로그에 올렸다. 이웃들이 댓글로 본인의 아이도 똑같다고들 했다.

'아, 애들은 원래 이렇구나! 근데 애들은 왜 이럴까?' 하는 생각을 함과 동시에 이런 생각이 들었다.

'아, 어른인 우리들은 왜 꼭 빈 공간을 채워야 한다는 생각을 할까? 그 위에 붙이면 어떻다고.'

그러고 보니 은재의 작품은 감히 나는 상상조차 하지 못할 파격적인 작품이었다. 오늘은 스티커 하나 붙이는 데에도 어른은 편견을 가지고 있음을 깨닫고 은재의 시각에서 바라보는 법을 배운 소중한 날이다.

입장 바꿔 생각을 해봐!

"내게 그런 핑계 대지 마. 입장 바꿔 생각을 해봐. 니가 지금 나라면 은 넌 웃을 수 있니?"

기성세대라면 대부분 외우고 있을 가수 김건모의 〈핑계〉 가사이다.

다다다다~ 굉음을 내며 하늘을 가로지르는 난생처음 본 헬기의 모습에 아이들은 열이면 열 울음을 터뜨린다. 그리고 부모는 그러한 아이의 모습을 보고 웃은 후에 너무 순진해 보여서 웃었다는 핑계를 댄다. 〈핑계〉 가사는 바로 이런 상황에서 아이가 부모에게 하는 말일지도 모른다.

부모는 아이에 대해 섣불리 판단하기 전에 '내가 지금 너라면'이라는 가정 하에 아이의 입장에서 생각하고 배려를 해야 한다. 그러면 아이가 이유 없이 음식을 엎어버리더라도, 집 안을 어지럽히더라도 화가 덜 난다.

정신과 의사로서 까다롭고 예민한 환자들을 자주 접한다. 그런데 몇 차례 면담을 해보면 그들이 자라온 환경과 특별한 경험들을 알게 된다. 그리고 나서 '내가 그 입장이었다면 어땠을까?' 생각해보면 나였어도 크게 다르지 않았을 것이라고 생각하게 되는 경우가 많다. 상대를 이해하고 나면 그들의 신경질적 모습에도 화나기보다는 공감이 된다. 아이를 대할 때도 마찬가지이다.

출생의 공포, 가장 소심한 모습으로 태어나다

이제 입장을 바꿔서 아이의 입장에서 하나하나 짚어보자.

먼저, 아이가 세상에 태어나는 순간을 상상해보자. 아이는 태어나는 순간 충격과 혼란 상태에 빠진다. 따뜻한 양수 안에 있다가 갑자기 밝은 조명과 차가운 공기에 노출된다. 탯줄이 잘리면서 엄마로부터의 산소 공급이 끊기고 스스로 숨을 쉰다. 9개월 동안 자궁 안에서 자라며 태어나기 직전까지도 자궁이라는 근육질 안에 꽉 끼워져 있었는데, 갑자기 허전해서 불안하다.

답답하지 않을까 우려될 정도로 신생아를 속싸개로 감싸 두는 것은 체온 조절을 위함일 뿐 아니라 외부 환경을 자궁 속처럼 만들어 안정감을 주려는 이유도 있다. 속싸개를 벗기면 아이가 놀래는 것은 이런 이유이다. 유모차의 삐걱대는 소리, 텔레비전의 지지직 소리, 드라이기 소리 등으로 아이를 달랠 수 있는 이유 역시 이러한 소리가 자궁 속 소리와 비슷하기 때문이다.

나는 타고난 최고이다

아이는 시쳇말로 '자뻑 마인드'를 타고난다. 이것은 건강한 자뻑이기 때문에 아이에게 굉장히 소중한 경험이다. 가장 먼저 접하는 다른 사람인 부모로부터 충분한 안정감을 느끼면 점차 '내가 최고'라는 타고난 착각이 강화된다. 이때 거만한 아이로 자랄까 봐 최고라는 표현을 절제함으로써 억지로 겸손을 배우게 할 필요는 없다.

아이 입장에서는 내가 최고이기 때문에 모든 특권은 나 혼자 누리는 것이 당연하다. 매장에 진열된 것도, 결코 나의 부모가 사줄 수 없는 것도, 다른 아이의 장난감도 내가 최고니까 가지고 싶으면 무조건 가져야 하는 것이다. 그래서 욕구가 저지되면 화가 나고 흥분을 주체할 수 없게 된다.

아이가 스스로 최고라고 생각하는 것은 바람직한 일이다. 부모는 그것을 인정해주고 공감해주어서 그 생각을 강화시켜주면 된다. "네가 세상에서 가장 사랑스럽고 소중한 사람이야"라고 충분히 확신시켜줘야 한다.

아이를 위해 부모도 최고가 되자

생후 5개월 정도까지 아이는 자신과 엄마를 독립적 개체로 인식하지 못하고 한 몸인 줄 안다. 또한 아이의 눈에 부모는 슈퍼맨, 배트맨, 울트라맨이다. 아이는 전능해 보이는 부모를 보면서 자기도 전능하다고 생각한다.

그러므로 부모가 어떤 사람으로 보이느냐가 아이의 발달에 매우 중요하다. 실제로 전능한 부모가 되어야 한다는 말이 아니다. 아이의 입장에서는 자신의 요구를 해결해주면 그것이 전능한 것이다. 아이는 자기가 울 때마다 바로 달려와 해결해주는 부모를 경험하면서 부모를 어떤 문제도 바로 해결해줄 수 있는 전능한 존재로 여긴다. 아이는 반복되는 이 과정을 통해 부모를 더욱 온전히 믿고 의지할 수 있다.

아이가 도움을 요청하면 바로 달려가야 한다. 도저히 바로 못 가볼 상황이라면 아직 말을 못 알아듣더라도 곧 가겠다는 목소리라도 들려줘야 한다.

육아빠 고민상담소

:: 장난감 뺏으려고 하는 아이, 어떻게 하나요?

만 3세 이전의 아이들은 자기가 세상의 중심임은 물론이거니와 상대방의 입장에서 생각할 만큼 뇌가 발달하지 못했다. 입장 바꿔 생각하기가 거의 불가능하다는 것이다. 다른 아이의 장난감을 뺏는 것이 잘못된 행동이라고 스스로 생각하지 못하고, 설사 부모가 가르쳐도 상대방의 감정을 이해하기 어렵다. 그럴 때 아이를 야단치는 것은 효과가 없을뿐더러 부모에게 공감 받지 못한다는 생각과 수치심만 더해질 뿐이다. 물론 그렇다고 다른 아이의 장난감을 뺏어줄 수는 없다. 아이의 입장에서 보면 자기가 가지고 싶은 장난감을 가져가지 못한다는 것 때문에 화가 나고 감정 조절이 안 되는 것은 당연한 일이기에, 일단 그 마음을 공감하고 위로해줘야 한다. 이해하지 못하더라도 "다른 사람의 물건을 빼앗으면 안 되는 거야"라고 말해주고 재빨리 다른 것으로 관심을 돌려주면 된다. 다행히도 아이는 금방 관심을 다른 곳으로 돌릴 수 있는 능력이 있다.

:: '우리 아이가 최고'라고 하다 보면 부모의 욕심도 많아지지 않을까요?

아이 스스로 '나는 최고다'라고 생각하는 것과 부모가 '우리 아이는 최고다'라고 생각하는 것은 다른 경우가 많다. 아이는 '다른 사람과

상관없이 나는 최고다'라고 생각하는 반면, 부모는 '다른 아이와 비교해서 우리 아이가 최고다'라고 생각하곤 한다. 그렇기 때문에 아이 스스로의 생각은 높은 자존감 형성과 직결되는 반면, 부모가 '남과 비교해서 우리 아이가 최고다'라고 해주면 그것이 칭찬일지라도 아이는 다른 아이와 비교해서 내가 어떻다는 생각 때문에 낮은 자존감이 형성될 소지가 있다. 부모가 남과 비교하는 마음을 의식적으로 버리고 '우리 아이이기 때문에 최고다'라는 마음가짐을 가진다면 욕심이 많아지지 않을 것이다. 욕심은 비교에서 나오니까.

3장

온 가족이
행복한
우리 집
만들기

자녀 출생 후 찾아오는 가족 심리 변화

제 20 화

육아가 너무 힘들다면?

육아는
희생이 아닌
기회이다

은재가 태어난 지 119일째 되는 날

흔히 말하는 '100일의 기적'이 은재에겐 '90일의 기적'이 되었다.

은재 엄마 출산 휴가 3개월이 다 지나서, 본격적으로 나 혼자 육아를 하는 날부터, 은재가 밤에 거의 깨지 않고 잘 자게 된 것이다.

'역시 우리 은재는 효녀였어!'

하지만 은재가 아무리 효녀여도 육아는 힘든 것 같다. 은재가 낮잠을 자기 시작하면, 젖병 소독하고, 은재 옷 빨래하고, 은재 방 청소하고……대충 급한 일이 끝나서 '아, 나도 이제 좀 휴식을 시작해볼까?' 하면 기다리고 있던 것처럼 은재가 칭얼거리고, 그러면 바로 휴식 끝.

더구나 최근 은재가 뒤집기 시작하면서 침대 위에 올려두면 혼자 뒤집다가 떨어지진 않을까, 바닥에 눕혀두면 혼자 구르다가 다치진 않을까, 이런저런 걱정이 늘어나면서 신경 쓸 일도 몇 배로 많아졌다.

그러면서 자연히 밥 챙겨 먹을 여유조차 줄어들게 되었다. '애 보면 도둑 밥을 먹어야 한다'는 옛말 틀린 거 정말 하나 없다. 내가 요즘 밥 위에 이런저런 반찬을 올려 비벼 먹는 그 도둑 밥을 먹고 있으니 말이다. 은재가 혼자 잘 놀고 있을지라도 밥그릇을 가져와서 은재 옆에서 먹어야 마음이 편하다.

그런데 그 도둑 밥마저 제때 못 챙겨 먹을 때가 꽤 있다. 손오공처럼 내가 분신술을 쏠 수 있다면 육아도 하고 밥도 먹고 얼마나 좋을까.

'눈 온 뒤에 서리 내린다'더니, 잘 못 자서 힘든 시기가 끝나자마자 잘 못 먹어서 힘든 시기가 시작되는구나! 날씨도 더운데, 밥도 제대로 못 먹으니 배고프고 짜증나고 괜히 서럽다.

이런 마음, 누가 알아주랴. 직접 해보지 않으면 절대 모른다.

해보기 전엔 절대 모를 육아의 고충들

육아는 참 힘들다. 아이의 입는 것, 먹는 것, 자는 것 등을 모두 내 것보다 먼저 챙겨줘야 하니 혼자일 때보다 몇 배의 시간과 노력이 든다. 또한 자칫하면 사고가 날 수 있어 잘 때조차도 잔뜩 긴장해야 하고, 무엇보다 '애 본 공은 없다'고 기껏 잘해야 본전인 것이 바로 육아이다. 아마 육아를 하면서 힘든 점을 모두 나열하면 책 한 권을 가득 채우고도 모자랄 것이다.

하지만 그중에서 가장 힘든 점 중 하나는 아이를 위해서 나의 소중한 인생을 희생한다는 거창한 생각일 것이다. 더구나 아이를 키우다 보면 시쳇말로 성격 버린다고, 제법 괜찮다고 생각했던 내 성격이 점점 포악하게(!) 바뀌어버릴 거 같아 공포감마저 든다.

또한 아이가 자라는 과정을 하나하나 세세하게 목격하게 됨으로써 마음속 깊숙이 묻어두었던 고통스러운 어린 시절의 기억이 떠오르기도 하는데 이것 역시 육아가 힘든 원인이 된다.

온전한 희생, 과연 그것뿐일까?

물론 아이를 키우지 않는 삶과는 감히 비교할 수 없을 정도로, 육아를 하는 부모는 희생해야 할 부분이 참 많다. 누구나 공평하게 하루 24시간을 살아가는데 아이를 키우는 것은 혼자 사는 것보다 몇 배의 시간과 노력이 필요하니, 그만큼 나를 위한 부분을 희생해야 하는 것은 어떻게 보면 당연한 일이다.

그런데 이러한 희생을 알아주는 사람은 직접 육아를 도맡아 하고 있는 사람 외에는 아무도 없다. 다른 사람들은 그 고충을 속속들이 알지도 못할뿐더러, 기껏 잘해봐야 칭찬은커녕 남들도 그 정도는 다 한다는 평을 듣기 십상이다.

아이를 위해 이 한 몸 바친다는 숭고한 생각을 하며 하루하루를 말 그대로 버티고 있지만, 이런저런 힘들고 서운한 일들로 인해 한순간에 마음이 무너져 내릴 때가 참 많다. 내 아이가 심리적, 신체적으로 건강하게 잘 자라는 것만으로 만족한다는 마음으로 육아를 하고 있다면, 즉 '아이를 위해서만' 육아를 한다고 생각한다면 육아는 온전히 부모의 희생일 뿐인 것이다.

육아를 통해 나도 함께 성장한다

하지만 아이뿐 아니라 스스로를 위한다는 관점에서 본다면, 육아는 인격 성장의 기회이기도 하다. 육아를 잘만 하면 득도의 경지(!)에 이를 수도 있는데 이러한 기회의 존재조차 모르고 육아를 하는 부모가 꽤 있다. 육아를 하기 위해서는 알아야 할 것들이 참 많다. 특히 아이의 심리를 알기 위해 수많은 육아 서적을 참고하지만 그래도 쉽지 않다. 그때그때의 내 감정에 따라 일관성 없이 아이를 대하면 안 된다는 것을 머리로는 알겠는데, 내 감정 다스리기가 결코 쉽지 않다.

정신과 의사가 자기감정을 다스리기 힘든 인격 장애 환자를 치료하기 위해서 최소 1~2년, 길게는 수년이라는 긴 시간이 필요한데, 그중 꽤 오랜 시간은 감정을 다스리기 어렵다는 것을 스스로 온전히 인정하는 것에 투자하게 된다. 그런데 우리는 육아를 통해, 육아라는 극한의 경험을 하지 않았다면 평생 모르고 살았을지도 모르는 스스로의 인성 깊은 곳까지 자연스럽게 그리고 온전히 인정하게 되는 것이다. 그런 면에서 육아는 이보다 더 좋을 수 없는 인격 성장의 기회이다.

치유되지 않은 어린 시절의 상처

또한 육아를 하며 어린 시절의 상처가 떠오르는 것은 역설적으로 상처 치유의 기회이기도 하다. 피부 어딘가 찢어져 응급실에 가본 사람은 알겠지만, 피부의 상처를 치료하기 위해서는 그 상처를 가리고 있는 수많은 이물질들을 식염수로 깨끗이 제거해야 한다. 더욱이 상처가 오래되어 곪아버렸다면 상처가 겉으로 드러날 때까지 이 과정을 반복해야 한다. 그다음에 감염을 방지하기 위해 소독약을 바르고, 마지막으로 상처를 봉합해야 한다.

이와 마찬가지로 마음의 상처를 치유받기 위해서는 마음 깊은 곳에 묻어두었던 상처를 끄집어내야 한다. 그런데 여기서 중요한 것은 그 과정이 지극히 자연스러워야 한다는 점이다. 급한 마음에 섣불리 마음의 상처를 끄집어내면 그 상처는 깊어만 지고 다시 꺼내기 더욱 어려워진다. 그래서 자연스럽게 조금씩 그 상처를 끄집어내는 것이 바로 상담의 기술인 것이다.

그런데 육아를 하는 것은 숙련된 치료자의 상담 과정 못지않게 상처를 자연스럽게 끄집어낼 수 있는 기회의 시간이기도 하다. 깊이 간직해두어서 나도 모르고 있었던 상처가 아이의 성장 시기에 맞춰 조금씩 드러나는 것이다.

긍정적인 면을 먼저 생각하자

이처럼 육아는 인격 성장의 기회이자 어릴 적 상처 치유의 지름길이다. 이외에도 자신의 부모를 이해하게 되는 등 육아가 양육자에게 끼치는 긍정적 영향이 적지 않다.

힘들다, 힘들다 하면 힘들지 않은 일조차 힘들게 느껴진다. 하물며 정신적, 육체적으로 한계를 느끼게 하는 육아는 말해 무엇 하랴.

내가 아이에게 해주는 것, 또 그로 인한 나의 희생이 아니라 아이가 내게 주는 행복감, 내가 성장해 가는 것들을 먼저 생각해보자. 빤한 이야기인지 모르겠지만, 모든 것은 마음먹기 나름이고, 그건 정말 정답이니까.

아이가 나중에 엄마만 더 좋아할까 걱정된다면

아이가 어릴 때에는 아빠를 좋아해도 나중에는 엄마를 더 따르는 가정을 보면, 육아에 열심인 아빠는 불안해진다. 그래서 육아에 대한 동기와 의지가 떨어질 때가 있다. 물론, 아무리 열심히 아빠 역할을 해도 아이는 함께한 시간에 따라 그리고 성향에 따라 엄마를 더 따를 수도 있다. 하지만 그렇다고 해서 소위 '삽질'한 것은 아니다. 엄마와 아빠를 비교하지 말고, 아빠가 양육 행동을 했을 때와 그러지 않았을 때를 비교해야 한다. 아빠 입장에서는 지금과 같은 아이와의 친밀감을 경험하지 못했을 것이고, 아이의 마음속에 형성된 아빠의 이미지도 분명한 차이가 있을 수밖에 없다. 최소한 아빠가 불편하거나 피하고 싶은 존재가 되진 않는 것이다.

또한 아이가 점점 자라면서 정서적으로, 지식적으로 아빠를 필요로 하게 되는 순간이 오고야 만다. 그때에 아이가 별 거리낌없이 아빠에게 위로와 공감을 받고 고민을 나눌 수 있다면, 그리고 아빠만 해줄 수 있는 조언을 아이가 반감 없이 마음으로 수용할 수 있는 정도의 관계를 지속할 수 있다면 결코 아빠 육아가 희생은 아니다.

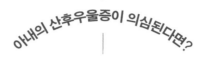

제 21 화

아내의 산후우울증이 의심된다면?

두려운 그 이름,
산후우울증
마스터하기

은재가 태어난 지 35일째 되는 날

컴퓨터를 쓰려고 컴퓨터 책상에 앉았다. 은재 엄마가 인터넷을 하다가 미처 창을 닫지 않았는지 이전에 보고 있던 화면이 그대로 열려 있었다. 무언가를 검색하고 있었나 보다 생각하고 검색창을 살펴보니, 헉, 이것은 공포의 다섯 글자.

'산 후 우 울 증'

벌써 관련된 정보들을 여러 가지 찾아본 것인지 관련 인터넷 사이트가 몇 개 띄워져 있었다.

'헉…… 설마…… 은재 엄마도?'

깜짝 놀라 은재 엄마에게 물었다.

"이거 여보가 띄워 놓은 거야?"

(설마 은재가 띄워 놓았을 리는 없지만.)

"응. 그냥 궁금해서."

'명색이 정신과 의사인 내가 정작 아내의 산후우울증을 미리 눈치 채지 못하다니…….'

갑자기 깊은 죄책감이 쓰나미처럼 밀려왔다.

아내와 깊은 대화를 나눠 보니, 아직 산후우울증까지는 아니었지만 출산 후 몸매에 대한 자신감 저하로 인해 우울감이 동반된 상태였다. 나 나름대로 은재 엄마가 가능한 한 스트레스 받지 않으면서 몸을 회복하도록 최대한 신경 써준다고 생각하고 있었는데, 내가 조금 부족했나 보다.

한편으론 입장 바꿔 생각하니, 9개월 동안 배 속에서 은재를 키우느라 불어난 몸이 출산 후에도 원상복귀가 되지 않고 있어 '이러다 영원히 이런 몸매로 지내면 어쩌나' 하는 걱정이 될 법도 했다.

"여보, 속상하겠지만 너무 염려하지 마. 사실 난 지금도 여보가 너무 아름다운 걸? 10개월 가까이 천천히 불러온 배인데, 하루아침에 회복되진 않지. 천천히 꾸준히 운동하다 보면 전보다 더 멋진 몸매로 돌아갈 거야."

나는 내가 할 수 있는 최대한의 진심을 담아 은재 엄마를 위로해주었다.

산후우울증은 남의 일?

종종 산후우울증으로 인한 자살 또는 영아 살인 뉴스를 접하게 된다. 그런데 그 뉴스에 대한 반응을 살펴보면 엄마를 비난하는 댓글이 대부분이다. 여전히 이 사회는 산후우울증을 본인의 의지 탓으로 돌리고, 남의 일로만 여기는 분위기인 것이다.

하지만 산모 10명 중에 1~2명이 산후우울증을 앓게 되고 그들 중 5퍼센트는 자살을, 4퍼센트는 영아 살인을 하게 된다는 점에서 볼 때 누구도 절대적인 예외라 할 수는 없다.

산후우울증은 일반 우울증과 비교해서 특징적인 면이 몇 가지 있다. 극심한 외로움, 엄마로서 적절하지 않다는 왜곡된 생각, 아이의 건강에 대한 과도한 걱정, 자신이 아이를 해칠지도 모른다는 강박적인 생각, 그리고 이러한 마음을 표현하지 못해서 가족들도 잘 모를 수 있다는 점 등이다.

산후우울증Postpartum Depression을 산후 수일 내 발생하고 길어야 2주 이내에 회복되는 산후우울감Postpartum Blues과 구분하지 않고, 아기 낳으면 다 그런다는 식으로 대수롭지 않게 여겨 산모가 방치되고 병이 악화되는 경우가 꽤 있으므로 가족들의 각별한 관심이 반드시 필요하다.

산후우울증이 아이에게 미치는 영향

산후우울증은 우선적으로 산모를 고통스럽게 하지만 아이에게 미치는 영향도 매우 크다. 아이를 직접 돌보는 엄마가 우울증을 앓게 되면 엄마는 아이의 반응에 민감하게 반응하지 못할 수 있고, 상호작용 반응 역시 부족하게 된다.

엄마가 매사에 의욕이 없기 때문에 아이의 요구를 들어주지 못하고 오히려 회피적 반응을 보이기도 하며, 쉽게 예민해지기 때문에 아이에게 자주 짜증을 내기도 한다.

또한 부정적인 사고방식과 행동으로 인해 아이의 기질까지도 부정적으로 여겨질 수 있다. 결국 산후우울증은 양육자라는 역할 자체를 위협하여 아이의 문제로까지 이어지게 되는 것이다.

그래서 산후우울증을 앓는 엄마가 키운 아이는 불안정한 애착 반응을 보임은 물론이고 정서적 문제, 대인 관계 문제, 언어, 지능, 학습 등 다양한 문제를 보인다. 뿐만 아니라 저성장과 잦은 설사 등 신체적 문제까지 보인다는 연구도 있다.

남편의 지지는 확실한 산후우울증 예방법

이렇듯 산모뿐 아니라 아이에게도 심각한 영향을 미치는 산후우울증은 어떻게 예방할 수 있을까? 모든 질병이 마찬가지이지만, 그것의 발생 원인을 조절하는 방법이 가장 확실한 예방법이다.

산후우울증은 가족이 우울증을 앓았던 경우, 산모가 예전에 우울증을 앓았던 경우, 산모 나이가 어린 경우, 아이의 기질이 까다로운 경우, 원하지 않는 임신이었을 경우, 결혼생활 스트레스가 심할 경우 등일 때 발생할 가능성이 높다. 이 중에서 산후에 임의로 조절할 수 있는 것은 결혼생활 스트레스뿐이다. 그런데 결혼생활 스트레스에 가장 큰 영향을 미치는 요인은 부부 관계의 문제이므로 산후우울증에 남편이 큰 영향을 줄 수밖에 없다. 따라서 산모에 대한 남편의 지지와 육아 부담을 줄일 수 있도록 적극적으로 육아에 앞장서는 것이 가장 확실한 산후우울증을 예방법일 것이다.

아내의 양육 스트레스를 줄이는 방법

남편의 지지와 양육 분담은 산후우울증 예방 효과뿐 아니라, 아내의 양육 스트레스를 줄여주는 효과도 있다. 양육 스트레스는 일상에서 일어나는 스트레스들과 밀접한 관련이 있다. 그러니 아내의 일상에 가장 중요한 영향을 미치는 요인 중 하나인 부부 관계에서의 만족도가 그것에 큰 영향을 미친다는 것은 당연한 결과이다.

사실 아내의 양육 스트레스를 직접적으로 줄이는 것은 아니다. 하지만 남편의 지지와 양육 행동을 통해 아내는 나 혼자서 육아를 하는 게 아니라 남편과 함께 양육하고 있다는 동료의식과 연대감을 가질 수 있다. 이는 배우자에 대한 만족감을 증진시킬뿐더러 육아에 대한 불안감도 줄일 수 있다. 그러니 스트레스가 줄고, 보다 안정적으로 육아를 할 수 있는 것은 당연한 결과이다.

산후우울감은 산후우울증과 다르다고?

산후우울감은 산모의 절반 이상이 경험하는 자연스러운 과정이다. 산후 3~4일 정도에 시작하고 길어야 2주 안에 끝이 난다. 우울, 예민, 눈물, 불안, 감정 기복, 불면증 등의 증상이 흔하지만 산후우울증과 비교하면 비교적 가볍고 금방 지나간다는 점이 다르다.

산후우울감은 산후우울증과 달리 가족들의 지지 외에 특별한 치료가 필요한 경우는 드물다. 하지만 산후우울감의 약 25퍼센트 정도는 산후우울증으로 진행할 수 있으므로, 2주 이상 지속되면 산후우울증을 의심해야 한다. 산후우울증이 치료되지 않고 방치된다면, 병이 진행될 수 있다. 다시 말해 상담 치료로 가능하던 정도가 약물을 필요로 하게 되고 통원 치료로 가능하던 정도가 입원 치료를 필요로 하게 되는 등 치료가 길고 복잡하며 까다로워질 수 있다. 따라서 조기에 점검받고 필요 시 치료받는 것이 좋다.

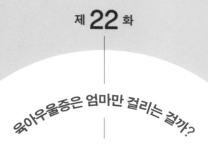

제 22 화

육아우울증은 엄마만 걸리는 걸까?

아빠도
육아우울증을
피할 수 없다

은재가 태어난 지 122일째 되는 날

며칠째 기운이 없다. 요즘 은재를 안고 있으면 평소 몸무게의 두 배쯤은 되는 것처럼 느껴진다.

'아, 대체 나 왜 이런 거지? 한여름에 더위를 먹어서 그런가?'

그런데 기운만 없는 게 아니라 의욕도 없다. 아무것도 하고 싶지 않고 다 귀찮게 느껴진다. 은재를 봐야 하니까 힘내자고 머리로는 생각하지만 도무지 몸이 따르지 않는다. 아니 좀 더 솔직히 말하면, 머리로도 은재 보는 게 귀찮다는 생각이 든다.

'내가 왜 애를 보겠다고 해서 지금 이렇게 사서 고생하고 있는 거지?'

어젯밤에 은재가 칭얼대며 잠을 잘 못 자서 나 역시 잠을 못 잤다. 밤에 못 잤으니 낮에는 좀 자려나 했지만 헛된 기대였다. 쌩쌩한 은재를 보고 있으니 더 지치는 기분이다.

너무 무기력해서 은재 엄마가 퇴근하고 어서 돌아오기만을 기다리고 있는데, '띵동' 은재 엄마에게 문자가 왔다.

"여보, 나 오늘 회식! 깜빡했네요."

아…… 왜 하필 오늘 같은 날.

저녁 늦게까지 힘들게 은재랑 씨름을 하느라 밥도 한 끼 제대로 못 먹

없다. 뭐 대충이라도 차려 먹을 수는 있었지만 어쩐지 입맛도 없고 먹는 것마저 귀찮게 느껴져서 걸러버렸다.

밤늦게 드디어 은재 엄마가 퇴근했다. 하루 종일 일하고 회식까지 하고 와서일까? 무척 피곤해 보였다. 그래서 마음에도 없는 말을 해버렸다.

"여보, 피곤할 텐데 씻고 자요."

은재 엄마는 거절 한 번 안 하고 알겠다고 했다.

괜히 서운하고 서러운 마음이 들었다. 은재 엄마도 자고 은재도 겨우 재운 후, 나도 자려고 누웠는데 눈물이 주르륵 흘러내렸다.

'아, 대체 나 왜 이런 거야.'

갑자기 다른 사람이 된 것 같다

가슴속이 꽉 막힌 것처럼 답답하고, 사소한 일에도 짜증이 난다. 몸에 기운이 다 빠져버린 것 같아 아무것도 하고 싶지 않고 심지어 우리 딸도 별로 사랑스러워 보이지 않는다.

지금 이야기가 아니라, 3개월간의 은재 엄마 출산 휴가가 끝나 혼자 은재를 본 지 한 달쯤 되었을 때의 이야기이다.

은재를 혼자 보기 시작하고 얼마 동안은 생각보다 수월하기에 육아가 적성에 맞는다며 큰소리치기도 했었다. 하지만 자만했기 때문이었을까? 아직 밤 수면이 완벽하지 않은 은재를 돌보느라 밤에도 깊이 못 자고 그렇다고 낮잠을 잘 수 있는 것도 아니다 보니 몸과 마음이 점점 지쳐갔고 이런 생각까지 들었다.

'내가 왜 육아를 하고 있는 것일까? 엄마는 모성애라도 있지, 나는 아빠인데 부성애만으로 육아에 전담한다는 것이 처음부터 무리는 아니었을까?'

스스로에게 자꾸만 육아에 대한 근본적인 질문을 던졌다.

그러다 문득, 바로 이러다 육아우울증에 걸리는 것이구나 하는 생각이 들었다.

'아니 세상에, 정신과 의사가 우울증이라니……'

아빠도 육아우울증에 걸린다

이유 없이 우울하고 육아에 대한 고민이 커져갈 쯤 '과연 아빠들은 얼마나 육아우울증에 걸릴까' 궁금해서 논문을 찾아본 적이 있다.

그런데 아빠 육아우울증과 관련된 여러 연구들 중 한 연구 결과는 1.8퍼센트 정도가 육아우울증을 겪는다고 나왔고 또 다른 연구 결과는 4~9퍼센트 정도였다. 왜 이렇게 결과가 다른 것일까?

그것은 연구가 이루어진 나라의 문화 차이 때문이었다. 즉, 4~9퍼센트는 아빠가 육아를 함께하는 나라, 1.8퍼센트는 주로 엄마만 육아하는 문화를 가진 나라의 결과였던 것이다. 주로 엄마만 육아하는 나라에서는 그렇지 않은 경우보다 아빠가 된다는 것에 대한 불안감이 적고 육아 관련 스트레스가 적기 때문일 것이다.

우리나라의 아빠 육아우울증 발병률에 대한 연구 결과는 아직 없지만, 주변에서 전업 아빠들의 우울증 경험 이야기를 많이 듣는다. 육아하는 아빠가 늘어나고 있다는 점을 고려하면 육아우울증도 점차 증가할 것으로 생각된다.

엄마의 도움이 필요하다

일반적인 우울증은 여성이 남성보다 2배나 많은데, 이는 호르몬의 차이와 사회문화적 이유 등 때문이라고 한다. 마찬가지로 엄마와 아빠의 육아우울증도 그 원인이 조금 다르다.

엄마의 경우는 임신기간, 출산 방법, 호르몬 변화 및 육아 스트레스 등 다양한 요소들이 영향을 미치지만, 아빠의 경우에는 늘어난 경제적 부담감 등이 주로 영향을 미친다. 부양할 가족이 늘어나면서 커지는 가장으로서의 실질적인 부담감이 큰 몫을 차지하는 것이다. 그러므로 아빠의 육아우울증을 극복하려면 아빠의 가장 큰 심적 지지자인 엄마의 역할이 중요하다.

내 남편의 육아우울증이 의심된다고 하면 '남편이 그만큼 육아에 신경을 많이 쓰고 있고 그래서 가장으로서의 심리적인 부담도 큰 것이구나'라고 해석해도 좋다. 그렇게 일단 남편을 긍정적인 눈으로 바라보면 어떻게 도와줘야 할지 답이 나오기 마련이다.

그런 측면에서 나는 참 복이 많은 사람인데, 현명한 은재 엄마와 살고 있기 때문이다. 내가 육아를 전담할 때에도, 워킹파파로 지내는 요즘에도 은재 엄마는 가장으로서 내가 경제적인 부담을 느끼지 않게 해주려고 노력한다. 게다가 내가 몸과 마음이 지쳐 보인다 싶으면 가끔 자유시간을 보장해주기도 한다. 퇴근 후 피곤할 텐데도 아이를 맡아주면서, 오늘은 새벽에 들어와도 좋으니 친구들 만나 실컷 놀고 들어오라며 리프레시의 기회를 주곤 한다. 그러면 신기하게도 각박했던 마음에 여유가 생기고 다시 힘내서 아이를 돌보게 된다. 이렇듯 아내의 역할은 참 중요하다.

아이와 매일 외출하자

전담해서 육아를 할 당시에 나는 육아우울증을 예방하려고 매일 은재와 외출하는 것을 원칙으로 삼았다.

물론 은재와 한 번 외출하려면 준비가 만만치 않다. 엄마보다 상대적으로 덜 꼼꼼한 아빠는 외출 준비 중에 꼭 하나씩 빠뜨리는 게 있다. 한번은 기저귀를 빠뜨려서 창피함을 무릅쓰고 다른 아이 엄마에게 기저귀 동냥을 한 적도 있었다.

그래도 꿋꿋이 '매일 외출한다'는 원칙을 지키다 보니, 집에만 있을 때보다 점차 활력이 생겼고 은재도 활발하게 잘 자랐다. 아빠인 나는 엄마에 비해 체력이 좋으니까 외출 자체에는 체력적인 부담이 크지 않았고, 종종 친구 회사 앞에 은재를 데리고 찾아가 점심을 얻어먹는 재미도 쏠쏠했다. 운동은 우울증 치료에 약만큼 효과적이라고 입증되었다. 특히 매일 30분 이상 걷는 것이 효과적인데, 아이를 맡기고 운동할 상황이 되지 않는다면 아이와의 외출 자체가 충분한 걷기 운동이 된다.

육아 휴직 중인 아빠 중에 우울증으로 육아 자체가 불가능해진 경우가 있다면 전문가의 도움을 받아야 하겠지만, 아직 정도가 심하지 않아 스스로 극복해볼 만한 정도라면 매일 외출하는 것을 추천한다. 그리고 아내는 가장으로서의 부담감과 육아 스트레스로 고생하는 남편을 충분히 지지해주기를 권유한다.

아빠의 육아우울증 극복 방법

대부분의 경우, 남자는 결혼과 동시에 가장으로서 경제적 책임감을 느낀다. 맞벌이 부부라 하더라도 이는 마찬가지이다. 더구나 아이가 태어나게 되면, 책임져야 할 가족 구성원의 수가 늘어나기 때문에 책임감과 부담감은 더욱 늘어난다. 엄마가 실질적인 육아를 전적으로 도맡아 하더라도, 아빠는 경제적 측면에서만큼은 결코 육아에서 자유로울 수 없는 것이다.

하지만 아빠들은 이러한 부담감으로부터 자유로워질 필요가 있다. 적절한 부담감과 책임감은 일의 능률에 도움이 되기도 하지만, 과도한 경우 오히려 능률이 떨어지고 자칫 우울증으로 연결될 수 있기 때문이다.

남편이 책임감에 짓눌려 있다면 아내의 역할이 중요한데, 아이 아빠의 상태를 봐가면서 행동을 조절해야 한다. 남편이 더욱 열심히 일하고 사소한 지출을 줄이도록 부담을 줄 타이밍인지, 아니면 전적으로 남편을 지지해줌으로써 부담감을 줄여줘야 하는 타이밍인지 분별할 수 있는 지혜가 필요하다.

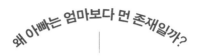

제 **23** 화

왜 아빠는 엄마보다 먼 존재일까?

좋은 아빠는
엄마가 만든다

은재가 태어난 지 142일째 되는 날

육아우울증을 예방하기 위해(!) 오늘도 낮에 은재를 데리고 외출을 했다. 우리 집에서 멀지 않은 곳에 직장이 있는 친구를 만나기로 해서, 점심시간에 맞춰서 친구의 직장 앞에 있는 한식집으로 갔다. 물론 힘들게 은재까지 데리고 회사 앞으로 간 거니까 친구가 쏘는 걸로.

오랜만에 만나 서로의 근황을 나눴다. 그런데 이야기하다 보니 내 근황은 그저 아이 키우는 이야기뿐, 별달리 할 이야기가 없었다.

내 얘기를 듣던 친구 놈이 한마디 했다.

"내 여동생도 어렸을 땐 아빠랑 이야기도 많이 하고 참 잘 따랐는데, 20대가 되더니 시시콜콜 모든 얘기를 하는 건 엄마가 되더라. 심지어 아빠 없을 땐 엄마랑 같이 아빠 흉보는 게 일이더라고."

듣고 있자니 밥맛이 갑자기 뚝 떨어졌다.

'우리 은재도 크면 그렇게 되는 걸까?'

아빠가 키워줬다는 걸 기억 못 할 건 분명하고. 막연하게나마 좋은 아빠라는 느낌은 남아 있을까? 설마, 이다음에 나 없을 때 엄마랑 내 흉보는 건 아니겠지? 오호통재라.

은재가 나와의 추억을 하나도 기억 못 하는 걸 대비해서 내가 도맡아

키웠다는 증거들을 제대로 남겨둬야겠구나. SNS에 은재 엄마랑 나만 아는 비밀 계정을 만들어서 은재 사진을 올리는 것만으로는 2퍼센트, 아니 98퍼센트 부족하다.

그냥 먹이고 입히고 씻기는 것만 해도 힘든데, 이것저것 경험시켜주려고 내가 얼마나 열심히 돌아다녔는지 최대한 많은 사람들에게 자세히 알려야겠다. 당장 내일부터 정보 스크랩 전용이던 썰렁한 내 블로그에 육아 일기 포스팅을 시작하겠어!

왜 나쁜 아빠가 좋은 아빠보다 많아 보일까?

상담을 하다 보면 수많은 내담자들의 가정사에 대한 이야기를 구체적으로 듣게 되는데, 의외로 많은 사람들이 공통점을 가진다. 그중 하나는 엄마보다 아빠에 대한 부정적인 이미지를 가진 사람들이 참 많다는 것이다. 이것은 단지 내담자에게만 국한된 이야기가 아니라 내 주변 사람들에게도 해당된다. 다시 말하자면, 이 세상 상당수의 아빠들이 부정적인 이미지를, 한마디로 '나쁜 아빠'라는 평을 자녀로부터 받는다.

아마도 객관적으로 나쁜 아빠 즉, 누가 봐도 나쁜 아빠라기보다는 그저 자신의 입장에서 '우리 아빠는 나쁜 아빠'라고 생각하고 있는 것 같다. 나도 아빠이니 은재가 자라면서 날 어떻게 볼지, 슬슬 불안해지기도 하고 왠지 억울하기도 하다.

도대체 아빠에 대한 부정적인 이미지를 가진 사람들이 많은 이유가 무엇일까?

아이는 엄마의 눈을 통해 아빠를 본다

대부분의 경우 아이들은 자라면서 아빠보다는 엄마와 많은 시간을 보내게 된다. 그래서 원하지 않더라도 엄마의 눈을 통해 간접적으로 아빠를 보게 되곤 한다. 아빠가 집에 없는 동안 엄마를 통해 아빠에 대한 이야기를 듣고, 아빠의 말과 행동에 대한 해석도 엄마라는 필터를 통해 이루어진다. 즉, 아이에게 아빠의 이미지를 만들어주는 데 있어서 엄마의 역할은 매우 중요하다.

그러므로 엄마는 아이에게 한마디를 하더라도 그 말이 아빠에 대한 부정적 이미지를 심어줄 것인지, 긍정적 이미지를 심어줄 것인지 늘 염두에 두어야 한다. 설사 남편에 대한 불만이 있더라도 그것을 친구에게 토로할지언정, 아이에게는 무조건 삼가야 한다.

아이 앞에서 아빠의 설 자리를 지켜주자

마찬가지로 전업 아빠가 아닌 한 대부분의 아빠는 아이와의 관계에 있어서 엄마보다 약자이다. 유대감은 보통 함께한 시간에 비례하기 때문에 어찌 보면 당연한 결과이다.

그런데 문제는 아이 양육 방식에 있어서 부부가 서로 다른 목소리를 내야 하는 경우가 종종 있다는 점이다.

아빠의 양육 관련 행동이나 참여를 조절하는 엄마의 행동을 '양육 행동 관리'라고 하는데, 엄마는 직업 유무에 관계없이 그러한 통제 권한을 포기하지 않으려 한다고 한다. 그런데 만약 아이가 보는 앞에서 양육 문제에 대해 부부 간에 의견 충돌이 있은 뒤 아빠의 말이 묵살된다면, 아이 앞에서 더 이상 아빠의 설 자리는 없어지게 된다.

그러므로 아빠의 양육 방식이 마음에 들지 않더라도 아이 앞에서 그것을 지적하는 일은 삼가야 한다. 아이에게 존경스러운 아빠의 이미지는 현명한 엄마가 만들어주는 것이다.

평강 공주의 마음을 가져보자

바보 온달과 결혼해 온달 장군을 만든 평강 공주 이야기는 '남자는 여자하기 나름'이라는 교훈을 준다. 이를 결혼생활을 하는 부부에게 적용하면 남편은 아내하기 나름이라는 말이고, 아이 입장에 적용하면 아빠는 엄마하기 나름이라는 말이 된다.

이 세상에 완벽한 남편은 없다. 남편에 대한 불만이 있더라도 바보 온달을 키우는 평강 공주의 마음을 가져보는 건 어떨까? 남자라는 동물은 부정적인 대화를 통해 점점 약해지고, 긍정적인 대화를 통해 점점 강해지는 것 같다. 꼭 100퍼센트 진심이 아니더라도 남편을 가능한 한 존중해주려는 말과 행동, 그것이 바로 좋은 남편, 좋은 아빠를 만드는 지름길이다.

한 연구에 의하면, 엄마의 격려가 많을수록 아빠는 장시간 동안 양질의 양육 행동을 하는 것으로 나타났다. 엄마의 양육 행동 관리가 적을수록 아빠는 스스로 합리적인 양육을 하며 엄마로부터 독립적으로 아이와 친밀감을 형성한다. 어떻게 보면 양육자로서 아빠의 능력을 과소평가하는 엄마의 고정관념이 가장 근본적인 문제일지도 모른다.

혼자 아이를 보는 것을 불안해하는 남편, 어떻게 해야 할까?

육아 분담은 엄마도 아빠도 모두 초보인 아이 출산 직후부터 바로 시작하는 것이 좋다. 만약 그 시기를 이미 놓쳤다면, 아빠와의 육아 분담은 다소 더디게 느껴지더라도 단계적으로 이루어져야 한다.

대부분의 남자들은 익숙하지 않은 일은 시작조차 하지 않으려는 습성이 있다. 맡겨진 일을 불완전하게 수행했을 때 스스로 인정할 수 없기 때문이다. 그러므로 아내는 가장 간단하고 쉬운 일부터 남편에게 충분히 구체적으로 가르친 뒤 직접 남편이 해보면서 무리 없이 성공하게 해야 한다. 이때 어느 정도 과장된, 긍정적인 피드백이 도움이 되기도 한다.

'급할수록 돌아가라'는 말처럼 처음부터 남편에게 많은 것을 요구하지 않고, 조금씩 조금씩 익숙하게 하면서 자신감을 가지게 하는 것이 가장 빠른 길이다.

제 **24** 화

엄마가 좋아, 아빠가 좋아?

아빠-아이-엄마, 삼각관계의 형성과 질투의 탄생

은재가 태어난 지 145일째 되는 날

오늘은 은재를 나의 친정(?)에서 하루 재우기로 했다.

오랜만에 은재 없이 자는 밤. 은재 엄마와 침대에 나란히 누웠는데 이상하게 은재가 너무 보고 싶었다. 못 참겠어서 휴대폰을 꺼내 은재 사진을 한 장 한 장 넘기며 보고 있는데, 나도 모르게 눈물이 주르륵 흘러내렸다.

태연한 척 은재 엄마 몰래 눈물을 닦으려던 찰나, 헉, 은재 엄마가 그만 내 눈물을 봐버렸다.

두둥!!!!

'그냥 넘어가라, 넘어가라'고 간절히 바라고 있는데 짧고 굵은 한마디가 들렸다.

"여보, 지금 설마 울어?"

"……."

창피했다.

근데 지금 창피한 게 문제가 아니라는 걸 은재 엄마의 다음 말을 듣기 전까지는 몰랐다.

"여보, 지금까지 나 보고 싶어서 운 적 있어?"

"……."

그냥 애써 웃음으로 때우려 했는데, 은재 엄마의 표정이 심상치 않다.

"자긴, 은재가 그렇게 좋아? 난 은재보단 자기가 더 좋은데."

나는 고민할 것도 없이 반사적으로 말했다.

"나…… 나도 은재보다 당신이 더 좋아!"

휴, 그래도 천만다행이다. 물에 빠지면 누굴 구할 거냐고 묻지 않아서.

연애의 연장선은 아이 출산 전까지

자, 잠깐 육아의 짐을 잠시 내려놓고 연애 시절로 되돌아가 보자(단, 현재 배우자와의 연애 시절!). 추억을 되살리기 위해 연애 시절에 찍었던 사진을 보는 것도 좋다.

가장 먼저 눈에 띄는 것은 그때의 피부가 참 좋아 보인다는 것! 정말 늙어가는 것은 어쩔 수 없는 노릇이다. '그땐 참 좋았는데'라는 생각이 든다면, 과연 피부 말고 뭐가 또 좋았었는지 생각해보자. 그건 아마도, 그때에는 둘이 서로 바라보고만 있어도 행복하고 좋았다는 점일 것이다.

결혼을 준비하는 과정에서 결혼은 둘만의 일이 아니고 앞으로는 연애하듯 서로만 바라보는 것이 불가능하다는 것을 깨닫게 된다. 그러다 결혼을 하고 나서 새로운 삶에도 적응이 어느 정도 되고 나면 다시 서로만 바라볼 수 있는 시기가 잠시 찾아오기도 한다.

하지만 제아무리 잉꼬부부를 자랑한들 아이가 생기고 나면 서로만 바라보기가 원천적으로 불가능해진다. 이전까지는 각자의 무의식적인 의존 욕구를 마음껏 상대에게 투사하고 그것을 서로 채워주며 만족감을 느꼈었지만, 아이가 생긴 후에는 부부 모두 아이의 의존 욕구를 채워주는 데 올인해야 하기 때문이다.

채워지지 않은 의존 욕구가 질투로?

그런데 대다수 부부의 경우 아이의 의존 욕구를 채워주는 정도가 서로 같지 않다. 육아를 주로 담당하는 쪽이 당연히 그 정도가 클 수밖에 없다.

그런데 문제는 부모도 아이와 같은 유아기적 의존 욕구가 있다는 점이다. 아무리 어린아이라도 상호작용이 가능한 인격체이기 때문에 아이의 의존 욕구를 채워주면 그만큼 본인의 의존 욕구도 채워지곤 한다. 그래서 상대적으로 아이의 의존 욕구를 덜 채워주는 쪽은 마음 한쪽 구석에서 왠지 모를 허전함을 느끼게 된다.

알고 보면 바로 이 유아기적 의존 욕구 덕분에 평생 이 한 사람만 사랑하겠다는 다짐을 했고 결혼을 해서 같이 살고 있는 것이다. 하지만 그 의존 욕구의 팽팽한 균형이 깨지는 순간, 배우자의 별것 아닌 행동에도 과도하게 실망하게 되고 심하면 집착까지 하게 되는데, 그것이 바로 '질투'이다.

질투가 시기심과 다른 점은 두 사람 간에 이루어지는 것이 아니라 반드시 삼각관계가 필요하다는 것인데, 아이는 그 존재만으로도 이미 질투의 필요조건인 삼각관계를 완벽하게 형성해준다.

오는 말이 고우면 가는 말이 고울 수밖에

내가 주로 육아를 담당하다 보니, 상대적으로 은재 엄마는 은재의 의존 욕구를 덜 채워줄 수밖에 없다. 그러니 은재 엄마의 의존 욕구 역시 덜 채워져 은재 엄마의 마음이 종종 허전한 것 같다. 이러한 상황에서 은재 엄마는 참 지혜롭게 대처를 하는데, 자기는 은재보다 내가 더 좋다고 늘 말해주곤 한다. 9개월 동안 배 속에서 키웠고 산통을 겪으며 직접 낳은 자식인데, 설마 내가 더 좋을까? 아마도 100퍼센트 진심은 아닐 것이라 생각한다.

그 말을 듣고 나면 대부분의 경우 나도 똑같이 은재보다 은재 엄마가 더 좋다는 말을 되돌려준다. 스스로 듣고 싶은 말을 나에게 먼저 해줌으로써, 그 말을 되돌려받게 되어 위안을 얻고, 고갈 위기에 놓인 의존 욕구를 다시 충전하는 식으로 질투심을 극복해가는 것이다.

위너의 배려가 필요하다

이렇듯 아빠가 되었든 엄마가 되었든 육아를 주로 담당하는 사람이 자신의 유아기적 의존 욕구 충족에 있어서 늘 위너인 것이다. 위너는 위너답게 상대방을 배려해주어야 한다. 아이와 함께 하루 종일 시간을 보내며 수없이 사랑을 표현했으면, 최소 하루에 한 번은 배우자를 안아주어야 한다. 아이에게 보여주는 것과 같은 양질의 사랑 표현을 배우자에게 해주면, 배우자는 매일같이 아이로 인해 박탈될 위기에 놓여 있는 자신의 의존 욕구를 충족시킬 수 있다.

박탈 위기의 의존 욕구를 채움으로써 얻어진 깊은 만족감은 마음을 한결 여유롭게 하고, 진짜 유아기적 의존 욕구를 채워줘야 할 대상인 아이에게 다시 채워줄 수 있게 한다. 사랑받는 배우자는 그 사랑을 다시 아이에게 돌려주게 되어 있으니, 이 얼마나 아름다운 선순환인가.

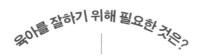

제 25 화

육아를 잘하기 위해 필요한 것은?

육아 자신감
뿜뿜!
양육 효능감
업업!

은재가 태어난 지 157일째 되는 날

    은재 엄마와 함께 은재를 키운 지 4개월이 지났고, 나 혼자 은재를 키운 지도 어느덧 2개월이 지났다. 육아우울증을 느낄 정도로 힘든 적도 있었지만, 그 시기를 잘 넘기고 나니 이제는 어느 정도 육아에 대한 자신감이 생긴 것 같다.

    은재를 빵 터뜨리는 방법에 대한 나만의 리스트를 늘려가다가, 블로그 이웃들의 도움을 받아 보고 싶어졌다. 그래서 몇 가지 나만의 노하우를 공유하면서 혹시 다른 노하우 있으면 알려달라고 했다. 달린 댓글들 중 하나가 눈에 들어왔다.

    "우리 애는 엄지와 검지로 총 모양을 하고 빵 소리를 내며 쏴주면 웃겨서 뒤로 넘어가요!"

    이미 한밤중인데 오늘따라 은재가 잘 생각을 안 하기에, 제대로 놀아줘 보자 하는 생각으로 블로그 이웃이 알려준 노하우를 시도해보았다.

    엄지와 검지로 총 모양을 하고, 은재를 보면서 "빵~~~!!"

    "꺄아아아악~~~" 하며 빵 터질 줄 알았는데, 웬걸 시큰둥, 멀뚱멀뚱, 어리둥절해 한다.

    '헉…… 이게 아닌데.'

내가 뭔가 잘못했나 싶어 이번에 더 열정적으로 은재를 향해 손 모양 총을 쐈다.

"빵! 빵!! 빵야빵야~~~~!!!"

"……."

이건 그분의 아이만 통하는 건가? 하지만 여기서 포기하면 육아빠가 아니란 생각이 들었다.

'나는 육아빠다. 나는 육아빠다' 하고 혼자 주문을 외우자, 갑자기 반짝하고 아이디어가 떠올랐다.

'그래, 은재가 그냥 총으론 만족 못 한다면 기관총이다!'

엄지와 검지가 아니라 옆구리에 기관총을 끼우는 시늉, 그리고 왼손으로 조준하는 시늉, 마지막으로 검지를 당기며

"두구두구두구두구두구두구두구두구!!!!"

"꺄아아아아아아아아악~~~~!"

은재가 뒤로 넘어갔다!

아싸! 성공!!

육아에도 자신감이 중요하구나! 자신감만 있으면, 문제 해결 아이디어도 팍팍 떠오르는구나!

역시 나는 육아 잘하는 아빠, 육아빠다. 다시 한번 자신감 팍팍!

양육 효능감이란?

  사회학습이론을 주창한 심리학자 앨버트 밴두라Albert Bandura는, 바라는 결과를 얻기 위해 요구되는 행동을 자신이 성공적으로 수행할 수 있다고 믿는 신념을 '자기 효능감'이라고 했다. 자기 효능감이 높으면 성취 수준을 높일 수 있고 긍정적인 자아상도 가질 수 있다. 반대로 자기 효능감이 낮으면 자기의 단점만 계속 생각해서 주어진 과제가 실제보다 어렵다고 판단하게 되어 결국 그것을 해내지 못할 가능성이 커진다.

  이러한 자기 효능감을 자녀 양육에 적용시킨 개념이 있는데, 바로 양육 능력에 대한 부모 스스로의 믿음을 '양육 효능감'이라고 한다. 좀 더 자세히 말하지면, 부모 스스로가 가지는 '자녀를 양육할 때 일어나는 각각의 상황에서 효율적으로 대처할 수 있는가'에 대한 믿음을 말한다.

  한마디로 말해 '육아에 대한 자신감'인 것이다.

양육 효능감이 높은 부모와 낮은 부모

양육 효능감이 높은 부모는 양육 스트레스를 받을 때에도 적절한 대처 행동을 시도할 수 있고 이를 잘 유지하곤 한다. 또한 아이에게 수용적이고, 비체벌적인 양육 행동을 보이며, 부모와 아이의 상호작용을 보다 긍정적인 방향으로 이끄는 경향이 있다. 그러므로 긍정적인 사고와 대처 능력으로 양육 중 일어난 문제를 더 유능하게 다루고 아이의 요구에도 민감하게 대처할 수 있다.

반대로 양육 효능감이 낮은 부모는 아이에게 통제적이고 강압적이며 체벌적인 양육 행동을 보이며 이는 아이의 정상적인 발달에 지장을 준다.

간단히 말해 육아에 대한 자신감이 있으면 아이의 문제에 대해 보다 여유롭게 대처할 수 있고, 그렇지 않으면 불안하기 때문에 강압적인 방법을 우선 선택하게 되는 것이다.

아빠의 양육 효능감이 특히 중요하다

부모의 양육 효능감은 아이의 발달에 큰 영향을 미친다. 특히 아빠가 높은 양육 효능감을 가지게 되면 양육 행동을 많이 하게 되는데,

아빠의 양육 효능감과 양육 행동 빈도를 높게 인식한 아이일수록 자기 능력에 대해 긍정적으로 인식하게 된다는 연구 결과가 있다. 아이 스스로가 자기 능력에 대해 가지는 믿음, 즉 자기 효능감이 높아지는 것이다.

자기 효능감에는 부모, 친척, 교사, 또래, 주변 성인 등의 사회적 지지가 영향을 주는데, 그중 최초의 인간관계이며 가장 밀접하고도 지속적으로 접촉하는 부모의 지지가 가장 중요하다. 부모가 공감과 수용을 해주면서 적절히 통제해주면, 아이는 또래에게 호의적이고 그룹 내에서 리더가 되며 친사회적인 행동을 한다.

또한 아빠의 양육 효능감과 양육 행동은 엄마의 양육 효능감에도 긍정적인 영향을 미친다. 엄마의 양육 효능감에 영향을 미치는 요인 중 다른 어떠한 사회적 지지보다 더욱 큰 영향을 주는 것이 바로 아빠의 육아 분담이기 때문이다.

양육 효능감을 높이려면, 공부하자!

그렇다면 부모가 양육 효능감을 높이려면 어떻게 해야 할까? 양육에 대한 지식이 많은 부모일수록 아이와 긍정적으로 상호작용을 하고 시기에 적절한 양육 환경을 제공하기 때문에, 결과적으로 아이의 발달에도 긍정적인 영향을 미친다는 연구들이 있다.

그러므로 아이의 긍정적인 성장 발달에 필수적인 양육 효능감을 높이려면 양육 지식을 쌓아야 한다. 이론과 실제가 다르다며 육아 공부를 게을리하는 것은 핑계일 뿐이다. 이때 중요한 것은 양육 지식을 쌓는 것뿐만 아니라 직접 부딪히며 양육을 해봐야 한다는 것이다. 이론과 실제의 차이는 양육 지식을 실제 양육에 적용하는 데 투자하는 시간이 늘어남에 따라 점차 좁혀 갈 수 있다. 양육 지식은 상당 부분이 실제 아이를 기르는 과정에서 경험적으로 습득된다는 연구 결과가 이를 뒷받침해준다.

남편의 양육 효능감을 높이려면?

처음에는 누구나 불안하고 자신감이 없다. 결국엔 해보면서 익숙해지는 것이 최선인데, 여기에서 중요한 건 엄마의 역할이다. 아빠도 불안하지만, 엄마도 불안하기 때문에 아빠가 혼자 육아를 하는 상황에서 아이와 무엇을 어떻게 할 계획인지 꼬치꼬치 물어보게 되거나, 중간에도 잘하고 있는지 연락하며 확인하기 쉽다. 엄마의 마음은 충분히 이해되지만, 아빠의 자신감을 키우는 측면에서는 방해가 되는 경우가 많은 게 현실이다. 그렇다면 어떻게 해야 할까?

"어머님~ 남편을 전적으로 믿으셔야 합니다!"라고 말하고 싶다. 남편에게 아이를 맡겼을 때 발생할 수 있는 모든 상황에 대해 상상하며 하나하나 구체적으로 대비하는 것이 아니라, 그냥 믿고 통째로 맡겨야 한다. 무엇이든 감수하겠다는 각오가 있어야 한다. 그래야 그런 아내의 마음이 남편에게 은연중에 말과 행동으로 전달이 되고, 남편은 편안한 마음으로 아이를 돌보며 자신감을 키워갈 수 있다. 아이와 무엇을 해도 괜찮다고 적극적인 믿음을 표현해주면 금상첨화다.

초반에는 아빠도 아이와 함께하는 시간이 불안하고 초조하기 때문에 돈을 쉽게 쓰게 되기도 하고 아이가 원하는 대로 다 해주기도 쉽다. 엄마 입장에서는 아이에게 잘못된 습관이 형성될까 봐 노심초사하게 되고, 그런 마음으로 아빠의 양육 행동을 보게 되면 결국엔 잔소리를 하게 되기 쉽다. 하지만, 2보 전진을 위한 1보 후퇴의 마음가짐으로 아빠 육아에 개입하지 않고 양육 행동 자체만으로 칭찬과 격려를 수시로 해보자. 아빠가 혼자 아이를 돌보는 시간이 늘어나게 되고, 그러다 보면 엄마가 기대하는 양질의 양육 행동도 하게 된다.

제 26 화

완벽한 육아가 가능할까?

내 아이에게
가장
중요한 것

은재가 태어난 지 231일째 되는 날

우연히 한 엄마 블로거의 육아 일기 포스팅을 보다가, 규칙적인 생활을 하는 것이 아이에게 좋다며 아이의 하루 시간표를 그려서 사진 찍어 놓은 걸 발견했다. 문득 초등학교 때 방학 직전마다 동그라미에 생활계획표를 그려 선생님께 제출해야 했던 고통스러운 추억이 생각났다. 근데 그 엄마 는 요즘 아이가 자야 할 시간인데 자지 않는다고, 아이가 먹어야 할 시간 인데 먹지 않는다고 매일 아이와 실랑이를 벌이고 있단다. 난 지금도 은재 를 그렇게 키우고 있지 않지만, 앞으로도 그렇게 키우고 싶은 마음이 없다.

'내 자신이 틀에 짜인 삶을 싫어해서 그런 건가? 아니면 아이의 입장에 서 생각해보기 때문에 그런 걸까?'

모든 아이는 어린이집에 다니는 순간 규칙적인 생활을 할 수밖에 없는 운명이다. 유치원, 초등학교, 중학교, 고등학교까지는 선택의 여지없이 시 간표대로 살게 된다.

그런데 굳이 벌써부터.

그래서 난 은재에게 시간표에 구속받는 삶을 일찍부터 강요하지 않으 려 한다. 지금 은재에게는 시간표를 지키는 것보다 중요한 게 너무 많기도 하고 말이다.

아이는 꼭 규칙적인 생활을 해야 할까?

보통 아침에 일어나는 시간은 어쩔 수 없이 정해져 있는 경우가 많지만, 누군가 자는 시간까지 정해놓고는 그 시간에 불을 꺼버리며 나를 강제로 재우려 한다면? 주말이나 공휴일인데도 직장이나 학교에 있을 때와 똑같은 시간에 밥을 먹으라고 압력을 넣는다면? 심지어 볼일을 보고 싶지도 않은데 일정한 시간을 정해놓고 그때마다 화장실로 밀어 넣는다면?

무슨 뜬금없는 소리냐 하겠지만, 실제로 꽤 많은 아이들이 이런 생활을 하고 있다. 규칙적인 생활을 습관화시켜서 바른 생활 어린이로 만들어야 한다는 부모의 미명 하에 말이다. 그런데 아이는 매일 같은 경험을 하는 것도, 같은 정도의 활동을 하는 것도, 같은 정도의 자극을 받는 것도 아니다. 그렇기 때문에 뇌와 몸에서 소모하는 칼로리도 그때그때 다르다.

심지어 몸에서 수분을 요구하는 정도도 그날 날씨의 영향을 많이 받는다. 그러므로 결코 규칙적인 식사시간과 일정한 식사량을 미리 정해둘 필요도 정해둬서도 안 된다. 실제로 시간표에 따라 음식을 먹으며 자란 아이들은 그렇지 않은 경우보다 더 자주 울고 발육도 더 좋지 않다는 연구 결과가 있다.

아이는 꼭 부모 말을 들어야 할까?

시간표보다 더 위험한 것은, 아이는 반드시 부모의 말을 들어야 한다는 생각이다. 우리나라 부모가 특히 심한데, 아마도 훌륭한 전통인 효 사상을 아이에게 잘못 적용시켰기 때문인 것 같다.

부모를 거역하면 불효이고 부모의 말을 잘 들어야 효라고 하는 것은 전형적인 흑백논리의 오류이다. 아이가 혹시 부모의 말을 아무 말 없이 잘 든든다면, 부모가 은연중에 강압적으로 아이를 대하고 있을지도 모르는 일이다. 부모가 아이에게 매일 일찍 자라고 했는데, 가끔 일찍 잘 기미를 보이기는커녕 한밤중에 더욱 펄펄 날아다니는 흔한 상황을 생각해보자. 부모의 말을 거역했으니 이제 큰일이 나는 것일까? 아이의 인생을 거시적 관점에서 보았을 때, 몇 번 늦게 자고 늦게 일어난다고 시쳇말로 대세에 지장이 있을까? 가끔 부모의 말을 듣지 않는다고 버릇없는 아이가 되는 것은 아니다. 인격적으로 성숙한 부모가 키우면 아이도 바르게 자란다. 아이가 부모의 말을 무조건 들어야 한다는 생각을 버리자.

결코 완벽할 수 없는 완벽주의 엄마

요즘은 아이가 하나 아니면 둘인 집이 대다수여서인지 이전 세대에 비해 아이를 완벽하게 키우려 노력하는 부모가 많은 것 같다. 하지만 과유불급이라는 말처럼 가끔은 완벽을 위한 지나침이 도리어 모자란 것만 못한 경우도 있다.

요즘 엄마들은 정상 발달 시기에 대한 정보를 쉽게 접할 수 있기 때문에 일률적인 발달 시기에 우리 아이를 끼워 맞추려고 애쓰는 경향이 있는 것 같다. 뒤집기, 혼자 앉기, 기어다니기, 서기, 걷기, 말하기 등의 시기가 정상 발달 속도보다 조금이라도 늦은 것 같으면 발달 장애라는 극단적 생각까지 하며 불안감에 휩싸인다. 그뿐 아니라 밤중 수유 끊기, 양치하기, 대소변 가리기 등의 미션이 정해지면 미션의 성공 여부에만 집착하며 왜 남들 하는 대로 했는데 우리 아이는 안 되는지 노심초사하기도 한다.

하지만 아이마다 모두 비슷한 발달 시기를 겪는 것은 아니다. 아이가 발달상의 변화를 보이려 할 때에 그것을 잘 캐치해서 다음 단계로 나아갈 수 있도록 도와준다는 개념이어야지 부모가 아이보다 앞서가면 안 된다. 아이보다 앞서간다고 해서 아이의 발달이 빨라지는 것이 아닐뿐더러 결국은 부모와 아이의 관계에만 악영향을 미친다.

가끔은 쿨한 아빠에게 배우자

부모가 지나치게 통제적으로 양육하면 아이는 심리적으로 갈등이 많고 화를 잘 내거나 공격적이며 반항적인 행동을 한다는 몇몇 연구가 있다. 또한 정신분석의 창시자 프로이트Sigmund Freud는 지나치게 엄격한 배변 훈련을 강박적 인격 장애의 원인으로 보았고, 강박적 인격의 이면에는 부모에 대한 분노가 숨어 있다고 했다.

그러므로 완벽주의 성향의 엄마일수록 아빠의 쿨함을 배울 필요가 있다. 대부분의 아빠들은 사소한 일에 노심초사하지 않기 때문이다. 아이에게 매우 중요한 문제라고 생각했는데, 아이 아빠는 이를 대수롭지 않게 여기고 넘어가는 것을 보며 사소한 것에 지나치게 얽매여 아이를 압박하고 있었던 자신의 모습을 비로소 발견하게 됐다는 엄마들이 많다.

혹자는 아빠가 아이에게 무관심하기 때문에 쿨할 수 있다고 반문할 수도 있겠지만, 내가 알고 있는 전업 아빠들 또한 대부분이 쿨한 것을 보면 무관심해서 쿨한 것은 아닌 것 같다.

내 아내가 완벽주의 아내라면?

아내가 평소 성격보다도 훨씬 지나치게 완벽함을 추구하고 아이와 관련된 소소한 것들에 강박적으로 집착하며 일희일비한다면, 아내가 그만큼 불안하다는 신호이다. 그럴 때 아빠는 쿨하니까 "괜찮아, 뭘 그런 걸로 걱정해"라고 말하는 경우가 있는데, 오히려 불안한 불씨에 기름을 붓는 격이다. '역시 남편에게 아이를 맡겼다가는 큰일 나겠다'라는 생각만 굳어질 뿐이다. 근본적인 원인인 아내의 불안을 줄여주는 게 최선이다.

아내의 생각에 대한 내 기준에서의 판단은 잠시 멈추고, 아내의 말을 우선 충분히 들어주자. 아내가 이것도 해줘야 하고 저것도 해줘야 한다고 주욱 나열한다 해도, 무조건 다 쓸데없다는 식의 말은 절대 하지 말자. 그게 양육법이든 육아용품이든 교구이든 아내 말에 적극적으로 관심을 가지고 직접 함께 알아보는 행동을 꾸준히 보여주자. 아내의 완벽주의 양육을 부추기는 것 같지만, 오히려 아내의 마음을 여유롭게 해주고 남편을 동료로 인식하게 만든다. 그래야 아내의 불안이 줄어들기 때문에 결과적으로는 길게 보고 합리적으로 결정하게 된다.

제 **27** 화

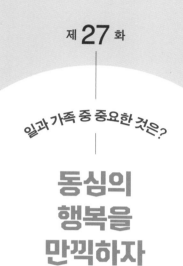

일과 가족 중 중요한 것은?

동심의
행복을
만끽하자

은재가 태어난 지 325일째 되는 날

10개월이라는 긴 공백기를 지내고, 새 직장에 출근한 지 벌써 일주일이 되었다. 일주일에 반은 일하고 반은 여전히 은재를 전담하고 있지만, 은재만 돌볼 때보다 몸이 더욱 피곤해졌다.

출근할 때 은재를 친정엄마(?)에게 맡기고, 퇴근하며 은재를 찾아오느라 운전 시간이 꽤 길다. 차에서 보내는 시간이 갑자기 늘어나서 그런 것 같기도 하고, 갑자기 일과 육아를 병행하려니 힘든 것 같기도 하다.

퇴근 후 은재를 침대에 눕혀놓고 옆에 누워서 쉬고 있는데, 은재 엄마가 퇴근해서는 은재와 나를 가만히 쳐다보더니 말했다.

"은재를 보고 있으면 여보 같고, 여보를 보고 있으면 은재 같아."

"뭐 그런 당연한 소리를 해. 우리 둘이 붕어빵인 거 이제 알았어?"

"아니. 얼굴 말고, 둘이 하는 행동이 비슷하다고."

헉, 알고 보니 은재 엄마의 말뜻은 은재나 나나 둘 다 애 같다는 뜻이었다.

"뭐? 내가 유치하단 말이야?"

하긴 내가 은재와 하루를 보내며 하는 행동들을 가만히 생각해보면, 유치해도 너~무 유치한 것 같다.

근데 뭐 아이 앞에서 유치할 수 있는 것은 어쩌면 허락된 일탈이 아닐까? 직장 일로 그리고 육아로 반복되는 일상의 매너리즘에 빠지려 할 때의 일탈은 특히 즐거움을 주는 것 같다. 게다가 허락된 일탈이라 뒤끝이 찝찝하지도 않다.

마음껏 유치해도 되는 일탈!

어쩌면 이게 바로 육아의 묘미 아닐까?

대한민국 모든 아빠의 고충

모든 아빠는 힘들다. 특히 대한민국의 아빠는 더욱 힘들다. 초과 근무 및 야근이 기본인 직장 분위기와 잦은 회식 때문에 만성 피로에 시달리는 경우가 많다. 퇴근 후 집에 가서 소파에 매미처럼 붙어 푹 쉬고 싶지만, 아이가 생긴 후에는 퇴근 후가 더 힘든 경우가 많다. 설상가상으로 요즘 아빠 육아가 대세로 자리를 잡아가면서 아빠에게 바라는 바가 더 커졌다. 일도 잘해야 하지만 가정에도 충실한 슈퍼맨이 되기를 요구하는 게 요즘 사회 분위기이다. 요즘은 아직 미혼인 친구들이 어찌나 부러운지……

마음 같아서야 우리 가족이 좀 더 안락하게 살기 위해 열심히 일도 하고 싶고, 가정적인 남편이자 자상한 아빠라는 이야기도 듣고 싶지만 나이가 들어가면서 체력이 급하강하고 있다. 게다가 이런저런 압박감에 시달리다 보면 몸과 마음이 더 지쳐만 간다. 직장에서도, 집에서도 편히 쉴 곳 없는 안타까운 아빠들. 이게 바로 요즘 대한민국 아빠들의 현실이다.

가족이 먼저냐 일이 먼저냐

일과 가족 중 어떤 것이 먼저냐 하는 것은 닭이 먼저냐, 달걀이 먼저냐 하는 문제가 아니다. 흔히 열심히 일을 해야 가족을 먹여 살릴 수 있지 않겠냐는 식으로 말하지만, 한번 가슴에 손을 얹고 솔직하게 스스로에게 물어보자.

과연 오늘 반드시 야근을 해야만 가족을 먹여 살릴 수 있는 것일까? 오늘 반드시 회식에 참여해야만 가족을 먹여 살릴 수 있는 것일까? 일과 가족 중 어떤 것에 우선순위를 두어야 할지 모르겠다면 가족을 선택하기를 추천한다.

물론 일을 그만두라는 이야기가 아니다. 가족을 먹여 살리기 위해서 일이 우선이라는 식으로 한 번 생각을 하게 되면 코에 걸면 코걸이, 귀에 걸면 귀걸이 식으로 가족을 소홀히 여기게 되어 모든 경우를 그런 식으로 합리화하게 되는 오류에 빠질 수 있기 때문에 주의하라는 이야기이다.

가족을 1순위로 선택한다는 대원칙을 정해 놓으면 가족을 우선시 하느라 일을 대충하거나 그만두게 되는 경우는 있을 수가 없다. 오히려 가족과 함께하는 소중한 시간을 소망하며 일하는 시간에 최선을 다하게 되어 업무 효율이 오르고 근무시간은 단축되는 것이다.

육아의 차원

삶의 질을 중시하는 '웰빙'이라는 말은 이미 유행이 지나버렸지만 사람들은 여전히 기본적으로 웰빙을 추구하고 있다. 많은 사람들이 현실적으로는 어렵더라도 이상적으로는 삶의 가장 큰 목표를 '행복'에 두고 있는 경우가 많다.

물론 일의 성취를 통한 행복도 있을 수 있고 비교적 소박하게 여겨지는 가족으로 인한 행복도 있을 수 있다. 나는 대학병원에서 전공의를 할 때 타과 협진을 통해 사실상 삶을 차츰 정리해야 할 말기 암 환자들을 많이 만나곤 했다. 그런데 삶을 정리하는 시점에서 못 이룬 꿈이나 자기 일에 최선을 다하지 못했다고 후회하는 경우는 단 한 분도 못 봤다. 오히려 가족과 함께하기 위해 최선을 다하지 못했다고 후회하며 남은 시간이라도 가족과 함께하고 싶어 하는 분들은 수없이 만나 보았다. 사람마다 가치관이 다르다고는 하나 내가 겪어본 바로는, 현시점이 아닌 죽는 시점에서 볼 때 대부분의 경우 일과 가족 중에서 가족이 먼저인 것 같다.

육아는 가족을 돌보는 일의 대표주자 격이다. 육아를 하면 아이도 돌보게 되고 배우자까지 돌보게 되는 일석이조의 효과를 보기 때문이다. 이렇듯 육아란 거시적 시점에서 인생을 봤을 때 다른 무엇과도 비교할 수 없는 중요한 고차원적 행동이다.

육아를 즐기는 법, 동심으로 돌아가자

여러 가지 관심사가 있는 나는 늘 다양한 일들을 계획하지만, 모든 일이 내 뜻대로 되는 것은 아니다. 때때로 뜻대로 풀리지 않아 괴로운 경우도 많이 있다. 하지만 우리 딸이 나를 보며 한없는 행복을 표현해줄 때에는 그 모든 시름을 다 잊게 된다. 아마도 이러한 경험을 나만 가지고 있는 것은 아닐 것이다. 아이가 있는 부모라면 누구나 겪어 봤을 것이다.

그런데 이러한 극도의 행복감은 아이를 위해 투자한 시간과 노력에 비례하는 것 같다. 육아는 인풋과 아웃풋이 확실한 가장 정직하면서도 가장 안정적인 투자이다. 분위기상 어차피 육아를 해야 한다면, 일로 여기기보다는 나를 위한 힐링, 재충전 시간으로 여기는 것이 현명한 방법이다.

〈무한도전〉〈1박 2일〉〈런닝맨〉 등 예능 프로그램들이 오랫동안 사랑받는 것은 단순히 웃음을 제공하기 때문만은 아닌 것 같다. 이들 프로그램의 공통점을 살펴보면 시청자들을 동심으로 돌아가게 해준다는 점이 있다. 프로그램을 통해 어릴 적 하던 놀이 같은 미션을 수행하다 보면, 출연자들은 직업상 억지로 연기를 하는 것이 아니라 스스로 그 미션 자체를 즐기게 되고, 그러한 감정이 시청자에게 진솔하게 전달되어 함께 동심으로 돌아가게 된다.

예능을 통해 동심을 느끼고 행복감을 추구하기보다는, 기왕이면 아이와 함께하는 시간을 통해 동심과 행복감을 느끼고, 아이와 아내에게 사랑까지 받는 일석이조의 효과를 노려보는 것은 어떨까?

짧지만 굵게 아이를 잘 돌보는 방법

퇴근 후 피곤한 상태에서 아이와 놀아주는 것은 결코 쉬운 일이 아니다. 마음은 굴뚝같지만 몸이 따라주지 않는다거나, 머리가 피곤해서 아무런 아이디어가 떠오르지 않는다면 일단 아이를 데리고 밖에 나가기를 추천한다.

아이가 아직 걷지 못하는 나이라면 유모차에 태우고, 혼자 걸을 수 있다면 손을 잡고 동네를 한 바퀴 돌면 된다. 대부분의 아이들은 집에 있는 것보다 밖에 나가는 것을 좋아한다. 아이와 함께 걷다 보면 자연스럽게 하루를 마무리하며 생각을 정리하게 되는 경우도 있고, 피곤한 채 어쩔 수 없이 시작한 걷기일지라도 어느새 몸이 개운해지고 힘이 생기는 신기한 경험을 하게 될 것이다. 단순한 느낌이 아니라, 실제로 걷기는 심리적 건강관리에서 가장 중요한 행동이기 때문이다.

더구나 일정 시간 아이를 책임지고 집에 돌아오면, 아내의 환영과 함께 수고했으니 편히 쉬라는 말까지 듣게 된다. 아내에게 공식적으로 허락받은 여유 시간, 스스로에게 떳떳한 휴식을 제대로 즐길 수 있는 것이다.

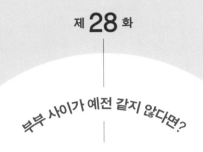

제 **28** 화

부부 사이가 예전 같지 않다면?

달라질 수밖에 없는
부부 관계 대처법

<u>은재가 태어난 지 447일째 되는 날</u>

은재 엄마의 둘째 임신이 중기를 넘어 후기로 향해 가는 시점이고, 나도 마침 이런저런 일로 바빠지게 되어 우리 부부가 은재를 돌보기에는 가끔 벅찰 때가 있다. 그래서 최근에는 양가 부모님의 도움으로 2주에 한 번 정도 저녁에 우리 부부만의 시간을 가지고 있다. 나는 그 시간들이 나름대로 휴식의 시간이 되어 더욱 육아에 힘쓸 수 있다고 긍정적으로 생각하고 있는데, 오늘 은재 엄마의 속마음을 들어보니 꼭 그렇지만은 않았다. 둘만의 시간에 둘만의 대화가 너무 부족하다는 것.

생각해보니 어렵게 만들어낸 우리 둘만의 시간인데 각자 휴식하기에 바빴다. 예쁜 카페에 가서 맛있는 것 먹으며 기분 전환을 하고 있었지만, 대화는 별로 없고 각자 휴대폰만 만지작거리고 있었던 것이다. 대화를 하더라도 은재에 대한, 둘째에 대한, 이런저런 가정사들뿐이었다.

그래서 요즘은 모두 내려놓고 연애 시절로 돌아가 대화를 해보려고 노력하고 있다. 약간의 노력만 했을 뿐인데, 연애 시절의 달달한 설렘이 느껴지기도 했다. 무엇보다도 은재 엄마가 무척이나 만족스러워했다. 아이를 키우며 변화된 상황에서 몸 가는 대로 행동하다 보면, 때로는 부부 사이가 조금은 소원해질 수 있다는 점을 깨닫게 되었다.

부부에서 부모로!

기다리고 기다리던 아이가 태어나면 말로 형언할 수 없는 기쁨을 느낌과 동시에 몇 달 동안은 부부 모두 정신이 없다. 아이 중심으로 갑자기 변화된 삶의 패턴이 지속되면서 부부만의 시간은 거의 가질 수 없게 되는 것이 일반적이다. 주변의 도움으로 어렵게 둘만의 시간을 냈더라도 몸과 마음이 지쳐 있어 서로에게는 무관심하고 각자 휴식을 취하기에 벅차다.

대화를 하더라도 주제는 늘 아이와 관련된 것뿐이고, 아이를 제외한 대화를 해보려고 하면 막상 할 말이 별로 없다. 때때로 기분 전환을 위해 쇼핑을 하더라도 습관적으로 아동층으로 향하는 자신을 발견하곤 한다.

임신 6개월부터 생후 34개월까지 부부 생활 변화에 대한 한 설문조사 결과를 보면 다투는 횟수가 눈에 띄게 잦아지고, 진지한 대화는 크게 줄거나 거의 없으며, 서로에 대한 애정 표현 역시 줄어들었다고 한다. 과연 이 모든 것이 부부에서 부모로 가는 과정의 자연스러운 변화일까?

부모가 되니 부모 이해 가능

'부모가 되니 부모를 이해하게 되었다'고 고백하는 사람들이 많다. 아이를 키우다 보니 모든 게 아이 중심이 되어버리고, 애지중지 키우고 있는 우리 아이에게 무슨 일 생길까 노심초사하게 된다. 그러다 보면 문득, 나의 부모가 나를 늘 걱정하고 노심초사하며 잔소리하던 기억이 떠오른다. 그 당시에는 부모의 행동을 전혀 이해할 수 없었고 그저 굴레로만 느껴졌었는데 부모가 되어 보니 자연스럽게 그 마음이 이해되는 것이다.

나의 경우, 결혼도 하고 아이까지 있어도 어머니는 비가 많이 오는 날엔 늘 종종 운전 조심하라는 문자를 보내주시곤 한다. 이전에는 괜한 걱정이라고만 여겼지만, 이제는 그 마음을 이해하게 되어 꼭 조심하겠다는 다짐을 하게 된다. 나도 부모가 되니 부모를 이해하게 된 것이다.

부부 중심 육아

육아는 부부가 각자 하는 것이 아니라 연합해서 해야 한다. '아빠로서 해야 할 가장 중요한 역할은 무엇인가?'라는 한 설문조사 결과 3분의 2 이상이 '아이들에게 훌륭한 인생의 동반자가 되어주는 것'이라 답했다. 이렇듯 요즘 아빠들은 부양의 의무보다는 아이와의 관계를 중요하게 여긴다.

그러니 이전 시대의 유산인 '아빠는 부양자, 엄마는 가정주부'라는 편견을 버려야 한다. 가족에 대한 몇몇 연구의 결과에 따르면, 부부가 역할을 균형 있게 분담하는 것, 즉 경제활동뿐 아니라 가사와 육아까지 분담할수록 가족 구성원 모두가 삶에 만족한다고 한다.

그런데 끈끈한 부부 관계 없이는 각자의 역할을 분담하기가 쉽지 않다. 미리 정해두고 칼로 자르듯이 역할을 분담하는 것은 한계가 있을 뿐 아니라 종종 불화의 원인이 되기도 한다. 그때그때 상황에 따라 서로의 몸과 마음 상태를 고려하여 역할을 분담해야 한다. 한쪽이 여러 가지 일로 바쁘고 힘들 때에는 다른 한쪽이 상대방 역할까지 덤으로 해주는 양보와 배려를 통해 부부 중심 육아를 하는 것이 좋다.

부부싸움은 아이 몰래

부부가 제아무리 끈끈한 관계를 가졌다 하더라도 부부싸움 한 번 하지 않기는 참 어렵다. 하지만 생후 18개월 이전에는 아이 앞에서 부부싸움을 하지 말아야 한다. 감정 조절에 매우 중요한 전두엽-변연

계 연결회로는 생후 10~18개월에 완성되는데, 그 회로가 부부싸움으로 인한 공포 경험으로 굳어져버리면 그만큼 학습 능력을 위한 회로가 희생되기 때문이다. 그렇게 자란 아이는 나중에 이미 학습에 불리한 뇌 구조를 가지고 학교에 가게 되는 것이다.

부득이하게 아이 앞에서 부부싸움을 했을 때에는, 이를 해결하는 모습도 아이 앞에서 보여주어야 아이가 안정감을 느낀다. 최악의 경우는 부부싸움을 하다가 아이를 의식하고 방에 들어가 버리는 것이다. 설사 알아듣지 못하는 어린아이일지라도 웃으며 "엄마와 아빠는 이제 화해했어"라고 아이에게 분명히 말해줘야 한다.

잠투정이 심한 아이 때문에
각방 쓰는 것을 고민한다면?

부부가 각방을 사용하는 것은 부부 관계에 매우 좋지 않다. 부부 치료의 권위자 존 카트맨 박사는 부부 간의 물리적 거리가 감정의 거리와 비례한다는 것을 연구를 통해 입증하기도 했다.

하지만 밤에 자주 깨는 어린아이를 키우다 보면 각방에서 자는 것이 불가피한 경우가 있다. 이는 한 사람이라도 제대로 숙면을 취할 수 있는 지혜로운 대처법이기도 하다. 아이가 태어나면 밤낮 구분 없이 먹고 자고 깨고를 반복하지만, 생후 100일 정도가 되면 수면 습관이 어느 정도 안정화된다. 매일 각방을 사용하는 것은 가능하면 이때까지로 정해야 한다. 아이의 수면 습관이 어느 정도 안정되었는데도 각방에서 자는 것을 지속하면, 어느 순간 함께 자는 것이 오히려 어색해지고 결국 섹스리스 부부가 되기도 한다.

아이가 생후 100일 이전이라 어쩔 수 없는 경우더라도 각방을 사용하는 것은 자는 시간만으로 국한하자. 잠들기 전, 부부가 하루 일과를 나누는 등 정겨운 대화의 시간만큼은 꼭 함께한 뒤 자는 시간에만 각방을 사용해야 한다.

제 29 화

혹시 내가 자기애적 부모일까?

아이를
사랑하는 듯
자신을
자랑하는 부모

은재가 태어난 지 481일째 되는 날

페이스북에 자기 사진을 많이 올리면 인간관계가 나빠진다는 연구 결과가 발표되었다는 기사를 보았다. 영국의 4개 대학 연구진이 508명을 대상으로 조사한 결과라고 한다. 이건 페이스북뿐 아니라 블로그, 카카오스토리 등 다른 SNS도 마찬가지일 듯하다.

'아, 그렇구나. 그래서 내가 요즘 외로웠구나!'

그런데 생각해보니 좀 이상했다.

'내 사진은 별로 안 올리고 온통 은재 사진만 올리고 있는데 왜 내 인간관계가 나빠지는 거지?'

여기에는 엄청난 함정이 있었다.

은재 얼굴=내 얼굴

우리는 싱크로율 99.9퍼센트라는 점.

'은재야, 어서 아빠 붕어빵 얼굴 벗고, 예쁜 엄마 얼굴로 변신하자!'

그러고 보면, 은재를 키우면서 SNS를 더 많이 하게 되는 것 같기도 하다. 그런데 여기에는 은재를 자랑하고 싶은 순수한 마음만 있는 건 아닌 것 같다. 육아빠로서 '나 이렇게 은재한테 잘해주고 있어!'라는 식으로 은재 자랑을 가장한 나의 자랑은 아닐까?

문득 이는 SNS에만 국한된 일이 아닐지도 모른다는 생각이 든다.

혹시나, 정말 혹시나, 완벽한 육아빠가 되기 위해 은재를 완벽하게 키우려 하는 건 아닐까?

절대로 주객이 전도되면 안 된다.

'혹시라도 은재를 은재가 아닌, 나를 드러내는 하나의 수단으로 여기게 되는 그런 순간이 온다면 지체 없이 육아빠 타이틀을 버리겠어!'

혼자 다짐하고, 또 다짐해본다.

자식 자랑하고 싶은 부모 마음

SNS를 통한 인간관계가 이미 익숙한 시대이다. 결혼 전에는 이런저런 내 관심사에 대한 글을 올리다가, 결혼을 하면 알콩달콩 행복한 신혼생활의 증거 사진들을 업로드하기 시작하고, 아이가 태어나면 한없이 행복해 보이는 아이 사진으로 도배한다.

아이가 없어서 공감하지 못하는 경우에는 이러한 도배 사진을 보기 싫어 친구를 차단해버리고 싶은 마음이 굴뚝같겠지만, 이것 자체를 크게 문제 삼을 필요는 없다고 본다. SNS는 자기의 머릿속이 무슨 생각으로 가득 차 있는지를 은연중에 보여주는데, 아이 사진으로 도배를 한다는 것은 온통 내 관심이 아이에게 집중되어 있다는 뜻이기 때문이다.

자기 자식을 자랑하는 것 자체는 지탄의 대상이 아니라 적극 권장되어야 한다. 그런데 혹시나 '행복해 하는 우리 아이 좀 봐. 이렇게 나 행복하게 잘 살고 있어. 부럽지?'라는 마음을 가지고 나를 드러내기 위한 수단으로 아이를 활용한다면 그것은 문제이다.

자기애성 인격 장애와 그 원인

누가 봐도 성격이 특이하고 왠지 모르겠지만 친하게 지내기 불편한 사람은 인격 장애로 진단되는 경우가 있다. 정식 진단명을 가진 9가지 인격 장애 중에 자기애성 인격 장애라는 것이 있는데 애플의 스티브 잡스Steve Jobs가 바로 여기에 해당된다고 보는 견해도 있다.

자기애성 인격 장애 환자는 말 그대로 '자기를 사랑하는 사람'이다. 그런데 자기를 사랑하는 것이 도대체 왜 문제냐고 반문할지도 모르겠다. 물론 자기를 사랑하는 것은 문제가 아니다. 아니, 오히려 바람직한 일이다.

문제는 '자기만' 사랑한다는 점이다. 그래서 자신을 과대평가하고, 특권의식을 가지며, 과시하려 하고, 거만하며, 남들이 자기를 질투한다고 생각하고, 늘 자기중심적으로 생각하기 때문에 결코 다른 사람을 공감할 수 없다.

자기애성 인격 장애를 가지게 되는 원인을 여러 가지로 설명하지만 양육 과정의 문제를 결코 빼놓을 수 없다. 어릴 적에 부모로부터 공감받지 못하고 부모로부터 거절 받은 기억으로 인해 세상을 불신하게 되며, 그래서 오로지 자기 자신만 믿게 된다는 이론이 가장 설득력이 있다.

아이 자랑을 가장한 내 자랑

그런데 문제는 자기애성 인격을 가진 사람이 부모가 되면 그들 또한 아이에게 좋지 않은 영향을 미칠 수 있다는 점이다. 아이가 나의 가치를 결정한다고 생각하는 순간, 더 이상 아이는 아이가 아니라 나를 보여주는 수단이 되어 버린다. 예를 들어 옷 하나를 입혀도 나를 보여준다는 생각에 무리를 해서까지 값비싼 브랜드 제품을 입히는 것이다.

또한 자기애적 부모는 자신이 완벽해야 한다는 자아상을 가지고 있어 그것을 유지하기 위해 아이에게 많은 것을 요구한다. 심지어 아이의 성장 과정에서 충분히 있을 수 있는 작은 시행착오조차 용납할 수 없어 한다. 결국 이로 인해 아이의 자율성은 점점 제한되고 오히려 수치심만 커져 낮은 자존감이 형성된다.

자기애성 인격도 대물림된다

이처럼 자기애적 부모는 아이와의 관계에 있어서까지 자기중심적이기 때문에 아이와 착취적인 상호 관계를 맺게 된다. 또한 어릴 적 상처받은 자신을 아이의 모습 속에서 발견하게 될 경우 이에 부정적인 감정을 가지게 되어 그러한 감정이 그대로 아이에게 전해지게 되기도 한다.

자기애적 부모의 가장 큰 문제점은 그러한 부모의 인격이 그대로 아이에게 대물림된다는 점이다. 아이는 부모의 말과 행동, 가치관 등을 보고 배우며 자란다. 아이는 은연중에 '부모의 사랑은 자신이 부모를 돋보이게 할 때 주어진다는 것'을 알게 되고, 행복은 부모의 요구를 완벽하게 수행할 때 오며, 사사로운 자신의 감정은 중요하지 않다고 학습하게 된다.

이런 식으로 공감 받지 못하고 자란 아이는 부모가 되었을 때 자신의 아이를 공감해줄 수 없기 때문에 공감의 실패라는 자기애성 인격형성의 원인을 만족시키게 된다. 그야말로 꼬리에 꼬리를 무는 악순환인 것이다.

이러한 악순환의 고리를 끊으려면, 부모는 나와 아이가 각각 독립된 개체라는 점을 확고히 해야 한다. 내가 아닌 아이 중심으로 생각해 그 마음을 공감해주어야 하고, 나와 관계없이 아이 자체를 자랑할 수 있어야 한다.

자기애적 부모 판별법

부모가 스스로의 자존감이 낮아지는 것을 피하기 위해 아이의 이상화된 모습을 자신과 동일시하는 것을 '반-우울적 나르시시즘 Counter-Depression Narcissism'이라고 하는데, 자기애적 부모들에게서 나타날 수 있다. 내 이상형대로 아이를 만들어 놓고 그것이 자기라고 착각하며 공허함을 채우는 것이다.

예를 들어 '우리 아이는 공부를 잘해야 한다' '우리 딸은 몸매가 좋아야 한다' '우리 아들은 부드럽고 가정적이어야 한다' 등 이상적인 아이의 모습을 기대하는 것이 이에 해당된다. 이렇게 될 때의 문제점은 부모가 은연중에 아이에게 부담을 주는 말과 행동을 지나치게 많이 하게 된다는 것이다. 이러한 부모의 아이는 수면 장애, 섭식 장애, 잦은 울음, 공격성, 반항, 화냄 등과 같은 행동 문제를 보인다는 연구 결과가 있다.

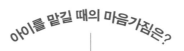

제 30 화

아이를 맡길 때의 마음가짐은?

맞벌이 부부,
죄책감
벗어나기

은재가 태어난 지 484일째 되는 날

며칠 장염 증상으로 고생했다. 금방 나을 줄 알았는데, 점점 심해졌다. 기간이 길어지면서 은재 돌보기도 힘이 들고, 임신 후기에 접어든 은재 엄마는 자기 몸도 간수하기도 힘든 지경이다. 그래서 빨리 낫기 위해 동네 병원에 가서 수액을 맞았다.

장염 증상 좀 어떠냐는 친정엄마(?)의 문자가 왔기에 빨리 낫기 위해 노력 중이라는 뜻에서 수액 맞고 있는 사진을 보냈다. 그런데 잠시 후 친정엄마의 SNS에 내가 보낸 사진이 올라온 게 아닌가!

'아, 역시 우리 엄마는 날 많이 걱정하고 있구나!'

하지만 그런 생각은 사진에 대한 설명을 보자마자 무참히 깨졌다.

"은재 아빠가 아파서 링거 맞았어요. 빨리 나아서 은재 봐야 하니 기도해주세요."

은재가 태어나기 전까진 엄마가 내 건강을 최우선시 여겨줬던 것 같은데 손녀가 태어나니 아들의 건강은 손녀의 건강을 위해서 지켜져야 하는 것이 되어버렸다. 은재를 위해 쉽게 아파서도 안 되는 슈퍼맨 아빠가 되었다고나 할까. 물론 나도 어서 낫고 싶다. 하지만 아무런 목적(?) 없이 그냥 순수하게 낫고 싶다.

맞벌이로 버티기 힘들다

육아하는 고충을 이야기할 때 빼놓을 수 없는 것이 맞벌이 부부 문제이다. 우리 집 역시 맞벌이 부부이기 때문에 더욱 관심이 간다.

통계청 발표를 보면, 2017년 맞벌이 가구는 전체 가구의 44.6퍼센트이다. 통계청에서 발표한 '2017년 신혼부부 통계'에서 맞벌이 신혼부부 22만 2000쌍을 뽑아 관찰한 결과, 맞벌이 비중은 결혼 1년 차 때 50.6퍼센트였다가 2년 차 45.2퍼센트, 3년 차 43.2퍼센트로 점차 줄어드는 모습을 보였다. 또한 2018년 비취업 여성의 경력 단절 사유는 결혼이 34.4퍼센트, 육아가 33.5퍼센트, 임신 및 출산이 24.1퍼센트로 나타났다.

임신, 출산, 육아 과정 동안 맞벌이 비중이 줄어드는 것인데, 주변만 봐도 처음엔 맞벌이로 시작하고 힘들게 버티다가 결국 한 명이 일을 그만두고 전업으로 육아를 하게 되는 경우가 많다.

아이를 맡기는 죄책감으로부터 벗어나자

맞벌이 부부는 둘 다 양육에 대한 갈등과 고민을 해야 하지만, 여전히 엄마에게 그 부담이 편중되어 있다. 국내의 한 연구를 보면 워킹맘에게 가장 어려운 문제는 육아 문제이다. 특히 아이가 어릴수록 각별한 주의와 보살핌이 더 필요하다고 생각하기 때문에 다른 사람에게 아이를 맡기는 것에 대한 죄책감을 더욱 크게 느껴 양육 스트레스가 높게 나타났다고 한다.

그렇다면 실제로 엄마가 일을 하는 것이 아이에게 미치는 영향은 어느 정도일까? 이와 관련된 연구는 꽤 많은데, 크게 나눠 아이에게 부정적이라는 견해와 엄마 역할을 대신할 사람이 계속 아이를 돌보면 별 문제 없다는 견해가 있다.

오히려 엄마의 취업이 아이가 성장할수록 아이의 자율성이나 독립심에 긍정적인 영향을 미친다는 연구도 있다. 그러므로 엄마의 취업 자체보다는 아이를 누가 대신 봐주느냐가 중요하기 때문에 워킹맘이라고 지나친 죄책감을 가질 필요는 없다.

더구나 워킹맘이 죄책감을 가지면 그것이 아이를 맡아주는 사람에 대한 걱정으로 전이될 수 있다. 아이는 부모를 그리워하면서도 다른 사람과 잘 지낼 수 있는 능력이 있음을 믿자.

아이 돌봐주는 할아버지, 할머니의 고충

맞벌이 부부는 아이를 누구에게 맡기냐 하는 고민이 늘 있다. 2015년 육아정책연구소의 발표를 보면, 만 2세 미만의 어린 자녀일수록 시설 보육보다 개별 양육을, 베이비시터보다는 조부모를 더 신뢰하고, 조부모의 영유아 손자녀 양육은 맞벌이 가정이 90.2퍼센트, 외벌이 가정이 7.2퍼센트라고 한다. 이제 황혼 육아라는 말이 어색하지 않은 시대다.

우리나라는 혈연 중심 문화 때문에 조부모가 손주 양육의 대리자라는 책임감을 자연스럽게 가지게 된다. 주로 아이의 친할머니나 외할머니가 돌보곤 하는데, 고령으로 인한 신체적 부담, 나중에 또 다른 손주도 돌봐줘야 한다는 심리적 부담감, 남편 및 자녀와의 갈등 등을 겪게 된다.

특히 육아 방식 및 가치관의 차이로 인한 자녀와의 갈등은 참 복잡한 문제이다. 그래서일까? 손주를 돌보는 할머니는 그렇지 않은 경우보다 더 높은 우울감을 보인다고 보고되었다. 더구나 손주를 돌보느라 상대적으로 남편에게 소원해지면서 이로 인한 부부 갈등까지 생길 수 있다.

부모님에 대한 관심과 배려를 통해 극복하자

이러한 문제를 어떻게 해결해야 할까? 일단 모녀 관계 또는 고부 관계 등 아이를 맡기는 성인 자녀와 아이를 돌보게 되는 조부모와의 관계를 주목할 필요가 있다. 우리나라는 결혼 후에도 부모 세대와 자녀 세대가 상호의존적인 관계를 맺는 특성이 있기 때문이다.

관련 연구들에 따르면, 성인 자녀와의 관계의 질은 조부모의 양육 스트레스, 건강, 심리적 안녕, 삶의 만족 등과 관련 있다. 또한 아이를 돌봐주는 것에 대한 대가로서 경제적 보상이 없는 경우에 갈등 수준이 더 높은 것으로 보고되었다. 보상이 있다 해도 그 보상이 충분하지 않은 경우에는 조모가 자녀에게 원망이나 실망감을 가지는 것으로 나타났다.

이러한 점들을 염두에 두고 자녀가 부모와의 관계를 개선하려고 노력함에 있어 가장 중요한 점은 부모를 믿는 것이다. 육아 방식에 다소 차이가 있더라도 아이를 맡긴 입장에서 모든 것을 본인이 컨트롤하려는 마음은 접어두어야 한다. 아이도 이러한 믿음을 알아차리기 마련이고, 그럴 때에 안도감을 느끼며 부모와 떨어져 있는 시간 동안 스트레스를 받지 않고 즐겁게 지낼 수 있게 된다.

아이를 돌봐주는 부모의 고충을 이해하고 배려하면 부모와의 관계가 나아지고 그 모든 것은 결국 아이에게 돌아간다는 것, 잊지 말자.

조부모에게 아이를 맡길 때, 꼭 지켜야 할 것들

:: 경제적 보상은 필수이다

조부모의 입장에서 보면 눈에 넣어도 아프지 않을 것 같은 손주를 돌본다는 점에서는 기쁨이 크지만, 젊을 때와 같지 않은 신체적 상태 때문에 체력적 부담 또한 크게 느낀다. 여윳돈이 생기는 족족 열심히 저축해야.할 자녀의 가계를 생각하면 경제적 보상을 바라기가 미안하지만, 보상이 있을 때 더 힘이 나는 것은 어쩔 수 없다. 분명한 사실은 부모와 자식 간에도 돈 가는 곳에 마음도 간다는 점이다.

:: 주말과 공휴일을 보장한다

아이를 돌보는 일은 결코 정규 직장의 일의 강도에 뒤지지 않는다. 직장인이 주말과 공휴일을 기다리는 것 못지않게 부모님도 주말과 공휴일을 기다린다. 주중에 일하느라 힘들어 주말에 아이 없이 쉬고 싶지만, 부모님도 마찬가지라는 것, 그리고 우리보다 체력적으로 더 부담이 크다는 점을 꼭 기억하자. 게다가 부모님이 우리 아이를 돌보느라 무리해서 병이라도 나게 되면, 더 이상 아이를 맡기기 불가능할 뿐만 아니라 건강을 회복하실 때까지 돌봐드리고 챙겨드려야 한다.

:: 칼퇴근을 보장한다

손주를 돌보는 일이 기쁘기도 하지만, 시간이 길어지면 체력 소진도 그만큼 커지기 때문에 부모님의 퇴근 시간을 지켜줘야 한다. 참고로 우리 부모님은 은재를 데리러 가는 시간에는 늘 은재와 밖에 나와 나를 기다리신다. 피치 못할 사정으로 제시간에 아이를 찾아오지 못하게 된다면, 가능한 한 빨리 연락하여 양해를 구해야 한다.